近代中日關係研究 第一輯 10

我殺死了張作霖

河本大作編
陳鵬仁譯著

LITERARY TIMES
蘭臺出版社

前言

陳鵬仁

去年是九一八事變五十周年，為了懷念此項做為一個中國人絕不容許忘記的歷史事件，我利用公餘時間，廣覽日方有關資料，在學術研究上，做了兩種努力：第一是介紹九一八事變之遠因的張作霖被炸死真相；第二是翻譯田中義一內閣的對華政策。

二次大戰後，日本徹底民主化，尤其在學術研究方面，沒有任何限制和約束，有什麼可以寫什麼；日本人炸死張作霖，為什麼？怎樣進行？還是根據日本人自己寫的似比較可以接近「真相」。一句話，我介紹這些文章，相信其內容還算客觀，可以提供國人，特別是對於研究現代史者參考。

除這些文章外，我還看過相良俊輔著「夕陽滿洲原野」、平野零兒著「滿洲的陰謀者」，兒島襄著「天皇」（II滿洲事變）、松本清張著「昭和史發掘」（第三冊）諸書，和新名文夫刊在「日本的戰史」（第二冊滿洲事變）等等文章，但都與本書各文內容，大同小異，所以沒有翻譯。又，書前所用幾幀照片，皆取自每日新聞社出版之「一億人的昭和史」。

本書委由聚珍書屋出版社出版，並經歷史小說名家高陽先生惠撰「張作霖之死與楊宇霆之死」以為跋，倍增元實，今由蘭臺出版社重新出版，謹此深致謝忱！

一九八二年八月於東京

目次

前言（陳鵬仁）……4
張作霖被炸死的前後（町野武馬）……8
我殺死了張作霖（河本大作）……29
張作霖被炸死的真相（白井勝美）……42
張作霖被炸死事件（林久治郎）……68
張作霖的被暗殺（森島守人）……78
張作霖被炸死事件（森正藏）……89
滿洲某重大事件（原田熊雄）……103
炸死張作霖與町野武馬（森義彪）……113

滿洲某重大事件（戶川猪佐武）……126
皇姑屯事件內幕（島田俊彥）……143
我們如何計劃發動九一八事變（花谷正）……163
張作霖之死與楊宇霆之死（高陽）……186

張作霖被炸死的前後

町野武馬

一

跟我很熟的伊東已代治、山本條太郎和田中義一（譯註一）等人，認為我在中國待過三十年，跟中日的一切問題幾乎有關係，其中有些是牽連到東洋史的根本事件，應該把這些經驗寫下來，惟我不會寫文章，因此山本條太郎決定央請一位文人（譯註二），每天他方便時到我這裏來，將我的話筆記回去。可是，我以「我所做的事情都歸於失敗。而且如果由我來談這些，我一定會臭罵日本的外交和軍人，這是日本的恥辱，所以我絕不寫，也不說。」而拒絕了他們的要求。

對於田中義一，我有這樣的回憶。一九一八年，出兵西伯利亞的時候，大井成元大將（譯註三）是駐海參威的軍司令官，日軍的一個師團守着烏蘇里。在幾百里前方的黑河，有孤立的混成旅團，黑河那邊是俄國的兩個師團。雙方隨時可能發生衝突。所以得向中國政府要求架設軍用電線，於是芳澤（謙吉）大使（譯註四）便向北京政府交涉，但北京政府卻以「國家的交通大權不能轉讓給日本」而堅決反對。

因此改向齊齊哈爾督軍孫烈臣施加壓力，孫烈臣終於答應齊齊哈爾、黑河間四十幾根電線當中，默許日軍秘密地使用其中的一條；可是沒幾天，齊齊哈爾、黑河間的中國電線，卻竟因爲山林失火而被燒掉了。日方要求孫烈臣早日修好，但孫卻說「沒有材料」、「材料日本可以供應」，「沒人」，「人可以用日本工兵」，「不可以」，如此這般，拖延了一兩個月。日方軍隊、總領事、顧問等，都一再地向孫烈臣提出強硬要求，但孫烈臣卻顧左右而言他，始終不肯答允。

此刻，駐紮齊齊哈爾的貧面中將，要當時擔任張作霖巡閱使顧問的我即時去看他。貧面曾經是我的長官，所以我馬上到他那裏去。貧面說明事件的經過以後，拜托我說：「請你設法說服孫烈臣。」我說：「眞不可思議，我去叫他把它修理好。」而直往齊齊哈爾停車場，孫烈臣親自接我，列軍隊迎接。他們以巡閱使最高顧問之禮歡迎我。

孫烈臣制止想坐他車子之他的顧問齋藤中校說：「今天我有點事情，所以你坐你的車子」；於是我和孫烈臣兩個人坐着孫烈臣的車子，往軍隊列隊中前去。在車裏，孫問我：「

是不是爲電線問題而來？」，「是的」，「我不想跟日本的混蛋辦事了，電線已告吹了。」我一聽他這樣講，便喊停車。「我要下車！」「爲什麼？」「我不能跟說不同混蛋的日本人辦事的你同車。我要回去。」「你不是日本人，你是巡閱使的最高顧問。」「我是日本人。我萬萬不能跟說不同混蛋的日本人辦事的你同車。我還是要回去。」

孫烈臣慌了。他問我「知道不知道內情？」「完全不知道」。「不是說不肯修理被山林失火而燒掉的電線嗎？」「不是的。日本拼命拜託，我也瞭解其立場，因此極秘密地默許他們使用一線。可是，日本竟向由北京政府派在此地負責聯絡工作的陳中將發出通牒說：『此次因得孫烈臣督軍諒解，我軍獲得齊齊哈爾、黑河間一條電線，特此通牒。』由於北京政府知情，我遂被免職，所有的中國報紙一天天抨擊『國賊孫烈臣，將交通大權讓給日本』。」我驚訝地問說：「眞的發出通牒了？日本的那個單位發的？不會罷。」「我家裏有的副本，等下給你看。」車子到達了孫烈臣的辦公場地。

爲了歡迎巡閱使顧問，那天晚上有帶樂隊的盛大宴會。宴會於十點半結束，爾後我在辦公廳二樓，穿着衣服睡着了。孫烈臣大概十一點半左右睡的。我睡到兩點鐘。白天我看了圖，所以知道孫烈臣公館位於辦公廳對面。我遂起來前往孫公館。公館門口站着銷上上着刺刀的士兵，男人一概不許進去。他們對我說：「止步。」我大聲怒說：「巡閱使顧問町野武馬要進去，你們有什麼權利過問？」於是他們便驚慌失措。

我由圖得知孫烈臣的房間在什麼地方，因而直向他的房間走去。我用力敲他的房門，他問「是誰呀？」，「開門。」房裏亂哄哄一小陣子，因爲中國人都脫光衣服睡覺。孫烈臣開門問說：「是什麼事情？」「架設電線的事情。」「這是辦不到的。這裏不方便，我們到辦公廳去罷。」「沒關係，沒關係。」房裏床上蓋着被單，裏頭一定有女人。

我在傍邊的椅子坐下來說：「如果絕對辦不到，日本很可能把你當做排日的孫烈臣。因而萬一發生衝突怎麼辦？」「我早有所準備了。我要逃往蒙古。我決不戰。日本如果使用武力，我就率領部下逃到蒙古。」「站在中國巡閱使顧問的立場，我不能讓孫烈臣有這種遭遇。與此同時做爲一個日本人的我，日本如果以武力攻打孫烈臣，我也將受到責備。一句話，孫烈臣不能敗亡。」

孫烈臣說：「是的。」「因此我希望你裝作不知道，而由巡閱使顧問的我來修理，對這你有沒有意見？」孫烈臣想了一會兒之後說：「這巡閱使會同意嗎？」「對於巡閱使最高顧問的我所說的事，巡閱使怎麼會不同意？」「巡閱使顧問町野獨斷架設電線，自與我沒有關係。」「好，那我就打電報調日本工兵隊來修理。」「不必了。山林失火，燒了寬三公尺半左右，大約一里之長（此處意思不是很清楚－譯者），這些電線，早已取下，並妥予保存，而且我們準備有修理人員。因此祇要打個電報，兩個小時以內便可以修好。根本不必勞煩日本人。」「好，那就請你打電報修理。」「沒問題，但請你一定負責告訴巡閱使，孫烈臣不知道這件事情。」

翌晨，日本軍司令官來電報，謝謝我軍用通信網的完成。住一個晚上，要回去哈爾濱的時候，孫烈臣送一張東北最大的虎皮，以酬謝我「救了他一命」。我問濱面中將說：「誰發出的通牒？我看過它的副本……。」，「這怎麼可能？」「我的確看過這個通牒。」「我來問問看。」問的結果是事實。理由是陸軍大臣下令「為獲得權利，要發出通牒。」因而「遵辦」。

二

田中義一再三要我撰寫，所以我開他玩笑說：「發出這個愚蠢通牒的是陸軍大臣的你！」日本的外交，常常是這個樣子。

在做張作霖的顧問之前，我做過奉天督軍張錫鑾的顧問。亦即一九一四年左右，福島安正上將辭掉關東軍顧問要回去的時候，曾經要求擺兩個日本人顧問。對方起初並不大願意，後來說祇要給薪水就行，於是菊地武夫中校出任軍事顧問，當時少校的我擔任軍事和警務顧問。翌年年初，開始二十一條問題的中日交涉。當地的日本人都集中在附屬地。他們深怕袁世凱跟日本打起仗來。

此時，日軍給我一個訓令：「發生戰爭時，俘虜張錫鑾，使其統治滿洲。為此，貴官應該搬進張錫鑾家，最好令夫人亦能住進去。」這是我所最拿手的事。於是我遂到張錫鑾家，並對他說：「從今天我要住在這裏。」「為什麼？」「我是你的顧問，所以要住在你這裏。」「隨你便罷。」幾天後，張錫鑾問我：「你是來幹麼的？」「一交戰，我就要俘虜你。」「俘虜我幹什麼？」「日本的意思是要你統治滿洲。因此派我來監視你，不要讓你逃跑。甚至於不惜跟袁世凱一戰，……。」

聽完這番話後，張錫鑾非常高興，並對我更好起來。而日本人顧問能在督軍公館跟他家人一樣起居，實開端於此時。

可是在中國方面的各附屬地，中日雙方，經常衝突，天天發生事件。所以有一次張錫鑾問我：「有沒有什麼辦法避免這種衝突？」「這很簡單。祇要我出去走個十來天，一定可以辦到。」「那就請你去辦。」當時，做大臣的丁鑑脩是我的秘書，因此我們兩個人一道出去。

由於請外國人出差，這是第一次，所以丁鑑脩問我「旅費要怎麼辦？」「十天，每天拚命花，有三萬元夠了。」當時的旅館，最好的一天不過五塊錢，在料亭招待客人，給藝妓多點小費，頂多十塊錢了不起。因此，三萬元這個數目，把張錫鑾嚇壞了。但張錫鑾却以「沒法子，就這麼一次，給三萬元好了。」而交我三萬元。

於是我便前往各租借地，招待中日雙方的主要人士三十人到四十人，舉行盛大宴會和講話。丁鑑脩擔任會計，我對他說：「旅館、料亭的收據要好好保存，錢的事你自己管。」其他的費用，譬如馬殺鷄，我都掏自己腰包。這樣十天下來，我們花了四千塊錢左右。剩下的，我叫丁鑑脩交還會計。

可是，丁鑑脩却說：「按照中國的習慣，不够的要自己貼，多的可以據爲己有。一旦支出的，不能退還。」「這樣怎麼可以。如果不收，你就把它擺在那裏好了。」無奈，丁鑑脩又走了一趟，但會計還是不肯收回，而回來看我。第二天我到會計那裏，把錢一擺就走。後來看了收據，竟有十張是別人寫的。某某人多少錢，某某氏幾多錢，連張錫鑾將軍自己也寫有收據，眞是可笑。而從此以後，會計對我便有無限的信賴。

三

一九一五年，張錫鑾辭職以後，袁世凱的第一親信段芝貴接任督軍。袁世凱希望與日本合作，因此有意接受（解決）與日本的懸案。可是日本的參謀本部却採取絕不能跟想做皇帝之袁世凱合作的方針。就此，我曾建議不能相提並論日本的皇室和中國的皇室，日本應該幫助袁世凱，以謀取東亞的安定，但這完全被否定了。

我做張作霖的顧問，是一九一七年他就任奉天省督軍的時候，但我跟張作霖初次見面，是一九一一年，中國發生革命前後的事情。那時，王丙越在北京勸我說：「中國將要起革命，但滿洲萬萬不能有革命。滿洲有張作霖、馮麟閣、張景惠等綠林的頭目，如果領導這些人，令滿洲獨立，則可防止革命。你如果有意思，我跟他們有深厚交情，所以要不要跟我一起到滿洲。我相信你能辦得到。」於是我遂跟王丙越聯袂前往滿洲，為打擊革命軍，我在張作霖家住了一個月左右。

這時，川島浪速和小磯國昭（譯註五）等人正在策劃抬出肅親王，擬以他在滿蒙之地恢復清朝。這等於說，我在不知不覺之中，妨害了他們的工作。因而據說，他們主張要殺我。有一次，我偶然在奉天的附屬地旅館瀋陽館碰到他們。他們說：「你不要妨害咱們的工作。」「我並不是來妨害你們的。」「若是，你能不能幫我們？」「我不幹辦不到的事情。對不起，我先走一步。」如此這般，我告別了奉天，而他們的工作也歸於失敗了。

爾後，張作霖當督軍，跟我一起做張錫鑾顧問的菊池，即時到張作霖那裏去。但我沒去。張作霖說：「町野為什麼不來，請他一定要來。」我說：「我不想到綠林出身，沒有大志的人那裏。」我指的是，張作霖雖然趕走了革命軍，但却接受了革命軍的任命，做它的師長。可是張作霖却仍然要我去，因此在我張作霖面前冷笑他沒有出息。張作霖當場表示要幹到底。所以就終於答應做他的顧問。

換句話說，我跟張作霖約定要共生死，取天下。從此而後，我倆形影相隨，張作霖危險時，我一定跟他在一起。

張作霖的最大特色是不怕死，富於決斷力，但正因為如此，所以他一做決定，就是他的兒子張學良和參謀長揚宇霆勸他，他也不聽，而祇肯聽我的話。因此，對於張作霖束手無策時，不管楊宇霆還是張學良，都來找我。我跟張作霖，似有前世之約束。

四

我雖然跟張作霖相約要取天下，但我很清楚張作霖一個人不可能統一天下。因爲南方還有四省的巡閱使。我多年來盼望促成張作霖與南京的孫傳芳和漢口吳佩孚的合作。第二次奉直戰爭時，直棣派的吳佩孚在山海關戰敗，被奉天軍急追的時候，我闖進吳佩孚的火車，在暗暗的蠟燭背後，勸告吳佩孚由渤海脫險。我的用意是，我不希望因爲內戰而失去中國清廉的名將。

這時我對吳佩孚說：「你在這裏戰死，對中國是個損失」。吳佩孚答說：「對中國的得失我不管。在這裏打最後一場戰爭是我的宿願。」翌晨，獲知在奉天軍抵達塘沽之前，吳佩孚乘坐軍艦脫險。張作霖對我發怒說：「爲什麼放走吳佩孚？」此時，楊宇霆在我傍邊喘笑着。

第二次奉直戰爭的翌年，亦卽一九二五年發生郭松齡的叛亂，知道郭松齡背後有馮玉祥的張作霖，遂下決心，與吳佩孚携手，以討滅馮玉祥。於是我遂乘這個機會，視察南方，以促進張、吳、孫的合作，而先到上海去找孫傳芳巡閱使。孫傳芳來勢洶洶地對我說：「我絕不跟張作霖這種壞蛋合作，也不必借用潦倒者吳佩孚的軍隊，在不久的將來，我就將統一天下，請你放心。」

我以豎子不足談，遂飛往漢口說服吳佩孚。可能因爲有過去年的事情，他開誠佈公，贊成張、吳聯盟。經過一個月以後，有一天宴會完了，很晚回家，看到張作霖坐在客人走了後的大房間小椅子上看電報。這時副官送來一張名片。張作霖說：「不見不見」。他的說法有點不大對。我從副官手上拿來名片，看是「孫傳芳」。

我對副官說：「請他來。」副官有些不知所措。一會兒，孫傳芳由副官領進來了。張作霖坐在小椅子上，我坐着大安樂椅子。在上海跟我吵過一架的他，目睹我有如張作霖之頭子的態度，一定不可思議。孫傳芳隨則很自然地向張作霖跪下。但張作霖却面向背後不理。我拍着孫傳芳肩膀，請他站起來。他說：「我受到陳誠的攻擊，隻身倖免於難。我願意拿出我的地位、財產，一切的一切，請你們救救我。」

我叫副官「把楊參謀長請來」。楊宇霆卽時趕到。我對楊宇霆說：「孫傳芳巡閱使因爲這個這個理由而來。請你好好幫助他。」說畢，我便進去房間，因爲我覺得日本人不應該在場。第二天，孫傳芳跟我碰了面，但一句話也沒說。由於如上所述的原因，張、吳、孫聯盟終於告吹，但張、吳的合作，却於一九二六年六月，於北京的懷仁堂，在戲劇性的光景中實現。

張作霖對於任何問題，都祇聽結論，而不肯聽它的過程和經過。第二次奉直戰爭以後，我受張作霖之意，請段祺瑞出來接替曹錕就任大總統的時候，張作霖交給我一百萬元，什麼話也沒說。段祺瑞手下的一些聰明人，說什麼需要十八省的三分之二以上的同意，要合法等等，囉哩囉嗦一大堆；我說，吳佩孚還在渤海，我們還是請曹錕繼續做好了，這一句話決定了段祺瑞當大總統。我回來向張作霖祇說一句「事辦好了」，他也祇說「好」，而沒問它的經過，更不問錢的用途。

五

一九二七年四月，田中內閣成立時，田中請我去並對我說：「這次我出來組閣，主要是想解決中國問題。亦即處理滿洲的問題。滿洲是日本的生命線，如果保持滿洲的現狀，國內會有許多意見，我無法應付下去。若是將爆發戰爭，但我不希望有戰爭。不過不得已時，恐怕會發生戰爭。」我說：「要用戰爭解決滿洲問題是輕而易舉的。換句話說，要在銀座強姦一個芳齡美女是很容易的，但萬一那些大哥來干涉的時候，你要怎麼辦？」「我有辦法。」「我想沒什麼辦法。」

田中答說：「如果能夠談成索倫鐵路、吉會鐵路、長哈鐵路，和聯絡中東、吉會二線，一共五條借款鐵路的話，日本方面我可以負責。這樣就不會有戰爭。問題是能不能辦得到。」「如果辦不到，會怎樣？」「戰爭。」發生戰爭，對我也不好。我說：「雖然辦不到，但絕不能有戰爭。」「好，那麼這五條鐵路可以作罷。」「就是辦不到，也祗有試試。」「你既然這樣說……。但要叫誰來辦理呢？」「請你自己去辦。」「我是個首相，不能離開東京，山本條太郎怎麼樣？」「可以。」「那就請你跟山本好好商量。」

第二天早晨，我還在帝國飯店睡覺的時候，山本來看我並說：「你爲什麼推薦我做滿鐵的總裁？昨天晚上，爲了借款鐵路事，田中喊我去。這件事，究竟能不能辦通？」「辦不通。」「辦不通，爲什麼要我去辦？」「否則將發生戰爭，所以祗有去試試。」「辦得到嗎？」「雖然辦不到，但唯有去碰。」「好，就幹罷。」如此這般，山本遂接受了滿鐵總裁這個位子。

我們以這是田中、山本和我三個人絕對的秘密，不容他言，我就回到北平。可是，日本報紙却隨即報導獲得陸軍省支持的芳澤大使提出五條鐵路的要求，但爲中國拒絕的消息。我即時打電報給山本說：「這樣不守秘密，我不幹了。」山本回電報說：「風聲也不過七十五天，請等一等。」

同年十一月，我電報山本，要他來北京。當時，張作霖在北京自稱大元帥。獲悉山本要來北京，大元帥問我：「山本來北京幹嘛？」我說：「不知道，大概是禮貌上的拜訪吧。」「是嗎？若是，我們應該好好招待他。」「很好，很好。」

迨至山本要抵達的前一天晚上，十二點多鐘時，我前往大元帥打麻雀的地方去。這種時候，我都帶着江藤，怕話講不通。這時我也把他帶去。我對張作霖說：「明天山本要來，是爲了五條鐵路。」大元帥說：「五條鐵路怎麼樣？」「要架設借款鐵路。」「不行！」他氣憤憤地，連招呼也沒打就想走進房裏。我對他大聲說：「不行？如果不行，咱他明天就再見。」說完，我就回去了。

翌晨九時，我到停車場去接山本，芳澤大使等許多人也趕來了。此時，山本拼命拉我並問：「結果如何？」「大吉，放心。」「那太好了。」他很高興。約好十點鐘見面，因此先到旅館，然後準時去大元帥宮內，但我自己先到行宮內一步。

十點正，山本來了。但大元帥並沒出來。十點半，十點四十分，十點五十分，仍然沒有露面。我想忍耐到十一點，如果到十一點還沒出來，我是準備去把他拉出來的。我說：「山本先生，大元帥從昨天晚上開始有點不舒服，所以要晚一些……。」「是，是。」

十一點前幾分，從走廊那邊，幌呀幌地，大元帥出現了。我給大元帥介紹「這是山本滿鐵總裁」。山本說聲「啊」，並伸出手來，大元帥無可奈何地也伸出手，但沒看山本的臉孔。然後衹說聲：「請坐」。我對山本說：「把你所要求的文件拿出來。」山本覺得不大對頭，但說「啊」，而把文件取出，並說：「張先生，我們對於『打架』來個結束。」

我要站在傍邊的江藤，好好地把這意思翻譯給大元帥聽。江藤翻譯說，中日「打架」告一段落，現在要互相携手，言歸於好。大元帥衹看着下面。我問他說：「怎麼樣？」他沒看我的臉，就說：「行」。我再問他：「這要叫誰來做？」他小聲地說：「楊參謀長。」「好，請楊參謀長……。您身體不舒服，請休息。」「啊，啊」，大元帥無精打彩地走進去。隨卽楊宇霆來。本莊繁（譯註六）上將常說：「日本沒有像楊宇霆這樣富於正義感，和能辦事的人。」的確，楊宇霆很敢說敢爲。

我對他說：「剛才山本總裁提出這個要求，大元帥已經同意，並指定你楊宇霆來辦，所以請你照辦。」「五條都要辦嗎？」「是的。」「你同意了？」「不是同意不同意，而是日本要作。」「我不幹。山本先生，日本太那個了。到別人地方架設借款鐵路，還要一八％的利息。不顧我國的赤字，現在又要求建設對我國並不必要的五條鐵路，日本實在太不講道理了。」楊宇霆拼命地說。

山本聽完了楊宇霆的話以後，大聲說：「同感。」楊宇霆吓了一下而問：「什麼？同感？爲你們的需要敷設鐵路，還要拿利息，這是什麼道理？」「當然要補償。」「若是，這是無利息，如果有赤字，要補償？」「當然，精神上是同感。但滿鐵沒錢，如果向日本銀行貸款，也得付五分二厘的利息，而且這些鐵路是不會賠錢的，所以這種利息是妥當的。」

楊宇霆又問：「洮南四鄭的兩條鐵路怎樣？」「照樣辦。」「是嗎？」楊宇霆還在想着。我又對楊宇霆說：「這是大元帥交給你辦的。」「這實在很不容易。」「但以後你會高興的。大元帥和町野却說可以辦。」楊宇霆說：「沒辦法，好。」而終於答應。

六

陸軍得知滿蒙這五條鐵路將於七月間發表。這些鐵路如果造好，以後就沒有文章可做。

因爲這不僅是五條鐵路，各鐵路還附帶有租借地。換句話說，它將把滿洲變成日本的屬地，日本在滿洲的立場，將由此而決定。若是，日本軍人將無用武之地。我認爲這是日軍幹掉張作霖的主要原因。亦卽他們使用工兵隊的年青軍官，在奉天、瀋陽車站之間，將大元帥乘坐的專車爆炸。使用這種暴力，實在太不應該，而可以說是九一八事變的開端，更是太平洋戰爭的遠因。回想起來，眞是可惜。

大元帥之撤退北京，要回到奉天，是因爲南方的蔣介石氏在廣東獨立，其勢力逐漸迫近中央；在上海、南京編成北伐軍北上而來。因此，張作霖部在河南與其對峙。此時，日本以「形勢對張作霖不利，如果張作霖軍戰敗，退却到滿洲，滿洲的治安將發生問題，所以當不戰而退。」而要求張作霖撤退。

張作霖同意這項勸告，並對其五個軍團發出撤退命令。於是右翼的張學良開始撤退，可是左翼的山東省督軍張宗昌却把他的軍隊按下，並到北京問道：「大元帥，爲什麼要撤出北京？我一個人也要幹。」大元帥說：「不行吧。」我也說：「能嗎？」張宗昌說：「我幹給你們看看。」因而大元帥說：「好，你幹看看；町野顧問，跟我走。」「走吧。」然後，我跟大元帥到奉天去坐專車。到天津時，爲了要跟潘復總理等準備到德州的張宗昌軍，我就跟大元帥告別，在天津下車。所以，我不知道張作霖被炸的現場，但我獲得爆炸事件時，我眼前頓時黑天暗地。

田中首相邊流眼淚，邊給山本寫信說：「一切都完了。」就這個事件，田中曾對日皇奏請說：「張作霖問題的責任，將召開軍法會議，澈底肅清軍紀。」可是，陸軍的中堅幹部卻絕對反對。政友會也不贊成。在國會，民政黨不遺餘力地追究「某重大事件」的眞相和責任。在這樣拖延時日時，據說日皇曾對田中說：「你沒照你以前所說的去做。不要再說了。」爲了全其臣節，田中遂提出總辭職。經過沒多久，田中便去世，據說是完全由於這個事件所導致。

爆炸事件的處置，祇停了關東軍高級參謀河本大作上校（譯註七）的職了事。河本曾任北京大使館武官的助理，回國後出任工兵部隊的聯隊長。河本曾向高利貸借錢，這件事暴露時本來非退役不可，惟因得到某氏之助力纔得於過關。又，這項借據現在還在。然後以關東軍參謀身份來到大連。

據云，河本常開口閉口說：「張作霖曾受日本培養，但却竟忘恩負義，接近英美，從事排日運動，眞豈有此理。日本滿蒙政策的最大眼中釘就是張作霖。」惟我認爲，張作霖實在一點也不排日。南方排日，在張作霖勢力下，毫無排日的事實。根據我所知道，張作霖討厭洋人，他的全部財產都存在日本。由此當可窺悉張作霖如何地信賴日本。年青軍人之所以這樣說，是別有用意的。

七

我經常對張作霖說：「祇要你生存一天，我一定賣命做你的顧問一天。」所以有一次，大元帥對我說：「你歸化中國好了，你歸化了，我就給你做督軍。」我說：「不要。如果你做了皇帝，要把滿洲給我，那還差不多……。」張作霖的話，好像不是開玩笑。

大元帥被炸死後一個月左右，舉行葬禮的時候，張學良對我說：「請你繼續留在這裏。我父親的遺產也要分給你。跟過去一樣，銀行的錢請你隨便用好了。」我對他答說：「如果你父親在世，我要回去日本，他說要送我一千萬元，我敢說要兩千萬元。但你沒有權利給我錢，因此我不向你要錢。」

葬禮燒香時，學良當然是第一個，其次應該是他的弟弟學銘，可是，學良燒完了香我就上去，大家嚇了一跳。燒完香後我並沒回家，而將前一天晚上向山本借的兩萬元當中的一萬元交給內人，我隻身回到日本。

一年以後，就前述滿蒙五鐵路，山本對我說：「請你去跟張學良商量，看看這些鐵路到底要不要建設。」因此我又到滿洲，並問楊宇霆，楊宇霆說：「要建設。」我對他說：「請你好好給學良說說。」但又加了一句：「你這樣說，沒關係嗎？」他答說：「沒關係，一定要建設。」

可是，當天深夜兩點半，楊宇霆家人打電話告稱：「今天晚上本來說是八點鐘回來的，但到現在還沒有回來。」我覺得很奇怪，所以遂坐車趕往學良宅。門關得緊緊地，有衞兵。我直驅學良的寢室。學良垂頭喪氣地出來，而在我還沒開口之前就說：「町野顧問，請同意我。」「同意什麼？」「楊宇霆想取代我的位置。所以我的部下把他打死了。請你能承認。」「不是要你的位置，而是爲了鐵路的要求？」「決不是。」

被鎗殺的是楊宇霆和常蔭槐兩個人。「帶我去看。」「請稍等等。」大概把屍體擺在現場，由於我要看，因此他們趕緊把屍體移到客廳，作個臺子，上上香。我恭恭敬敬地行禮之後，對學良說：「我將永遠不再和你見面了。」而回去。楊宇霆死得眞是可憐。當時，已經信仰三民主義的學良，已經不可能造滿蒙五鐵路了。唯有張作霖纔能壓住其部下……。張作霖的死，對日本的確可惜。（譯註八）

（譯註一）伊東巳代治（一九五七—一九三四），政治家，伯爵，長崎人。曾任農商務大臣，一八九五年四月，以全權辦理大臣，被派往北京，交換中（清）日媾和條約批准書。山本條太郎（一八六七—一九三六），福井市人，曾任衆議員，政友會幹事長，貴族院議員。田中義一（一八六四—一九二九），山口縣人，陸大畢業，曾任參謀次長，上將，陸軍大臣、首相。

（譯註二）這個文人就是古島一雄。古島（一八六五—一九五二），兵庫縣人，新聞記者出身，當選衆議員六次，幫助過辛亥革命。其所撰寫。「辛亥革命與我」一文，收在陳鵬仁譯著，大林出版社發行的「孫中山先生與日本友人」一書。

（譯註三）大井成元（一八六三—一九五一），山口人縣，陸大畢業，曾任陸大校長、參議。

（譯註四）芳澤謙吉（一八七四—一九六五），新潟縣人，東京大學畢業。曾任漢口總領事，駐中國公使、駐法大使、外相。二次大戰後，首任駐我國大使。

（譯註五）川島浪速（一八六五—一九四九），松本市人，中（清）日戰爭、義和團事件時任日本陸軍翻譯官，辛亥革命成功後，一直策劃滿蒙的獨立，肅親王第十四女兒是他的養女，即所謂「男裝的麗人」川島芳子。小磯國昭（一八八〇—一九五〇），山形縣人，陸大畢業。曾任陸軍次官、關東軍參謀長、朝鮮軍司令官、上將、首相，二次大戰後被判無期徒刑。

（譯註六）本庄繁（一八七六—一九四五），陸軍上將，兵庫縣人。陸大畢業。曾任張作霖軍事顧問、中國公使館武官，九一八事變當時的關東軍司令官。戰後自殺。

（譯註七）河本大作（一八八三—一九五五），兵庫縣人。陸大畢業。他是炸殺張作霖的直接指揮人。

（譯註八）本文是口述，所以文章本身有些散漫，這是特別要說明一點。本文口述者町野武馬（一八七五—一九六八）是福島縣人，陸軍士官學校畢業，上校退役，任張作霖的軍事顧問，其間當選過衆議員，但辭去，仍任總顧問。本文譯自一九四九年九月號「中央公論」。

我殺死了張作霖

河本大作

一

一九二六年三月，我從小倉聯隊中校隊附，接任關東軍黑田高級參謀的工作。當時的關東軍司令官是白川義則上將，參謀長係河田明治少將，後爲中國通的齋藤少將。

可是，來到好久沒來的東北以後，我却不禁大爲驚愕。張作霖神氣得很，同時因爲二十一條問題，整個東北充滿着排日的氣氛。日本人的居留、商租權等既得權利等於有名無實。二十萬在滿日人的生命、財產，頻於危殆。

對於滿鐵，他們計畫許多鐵路，與之競爭，意圖壓迫。在中日、俄日戰爭用血換來的滿州，竟面臨奉天軍閥任意蹂躪。

翌年的一九二七年七月，田中義一以總理大臣兼任外務大臣在朝，主張所謂「東方會議」（譯註一）；外務政務次官是已故森恪。

當時的關東軍司令官已由白川上將變成武藤信義中將，武藤於於一九二六年七月上任的。他是個俄國通，曾任參謀本部第二部長，因此對中國也很了解。所謂中國通也有幾種，有的只是住在中國，跟中國人來往，買些古董而沾沾自喜，但武藤將軍不是這種中國通。所以，他就任關東軍司令以後，對於幕僚們的獻策，都能懂得，上下都能夠毫無保留地對經營大陸的根本對策交換意見。

隨卽召開東方會議。武藤司令官決定出席這項會議，我隨從他到了東京。

在這個會議席上，當然討論了對滿洲的對策，我力主對於奉天軍閥之所採取包圍滿鐵線的態勢，已經非外交抗議等所能奏效；這時武藤將軍強調用武力來解決。田中首相也諒解了這個主張，於是在大體上決定了以武力解決的方針。

因此，我建議利用如下的情勢。此時崛起華南的蔣介石已經開始北伐（原文說蔣公與國父一起北伐，當然這是錯誤的——譯者），奉天派的前鋒且進至江浙方面的上海，以張學良、楊宇霆爲主將，與之抗衡。

蔣介石以軍校訓練的精兵，與奉天老軍閥的士卒，其實力、紀律自然有天淵之別。尤其是江浙一向是南方派的地盤。張作霖雖然乘勢揷足上海，但遇到蔣介石的北伐軍，奉天軍一定非逃回關外（譯註二）不可。

跟螃蟹鑽進洞裡一樣，祇要鑽進去，便很不容易進攻，張作霖敗退回到關外，也就安全。在這裡等待，等到天氣轉好，他便要東山再起。

到北京自稱大元帥的張作霖，擁有三十萬大軍，現在關內。這三十萬軍隊，如果打敗仗逃回關外，很可能亂來。而如果幫助他們，這些人又沒有終生感恩的節義；郭松齡事件已經考驗過這班人馬。

其次，南北干戈相見，使山東和華東之地蒙受戰禍，無論對具有許多權益的日本和列國，以及無辜的中國民衆，都不能等閒視之。因此必須阻止北伐於華北。

與此同時，敗退的三十萬張作霖部隊，應該在山海關解除其武裝後，才准許其入關；並乘張作霖手無一兵時，一下子與其解決逐漸失去之上千件的日本權益問題。

二

蔣介石的北伐開始了。起初蔣介石接受了要避免山東、華北捲入戰禍的提案，可是醉於勝利的他，竟違約進城，所以於一九二八發生濟南事件（譯註三），由之日本遂出兵。在另一方面，如所意料，奉天軍打了敗仗，成羣地往山海關逃。（編按：此段史實錯誤，譯者將在「註三」中說明。）

爲了維持治安，關東軍即時從朝鮮編組一個混成旅團，集結奉天待命，惟到錦州和山海關，係屬於滿鐵線附屬地以外的出兵，非有奉勅命令，不得出動。可是奉勅命令一直沒下來，敗兵卻接踵而至。

當時的首相，又是東方會議的主持者田中，對於東方會議的決議，在山海關應該採取的方針，不知爲何卻猶豫不前。

這是由於出淵駐美大使的報告，顧慮美國的輿論，而躊躇實行既定方針的結果。那時的參謀本部第二部長是松井石根中將，加以田中首相的親信佐藤安之助少將等的影響，田中的想法更由之搖擺不定。

這時，關東軍司令官已由武藤將軍換爲村岡將軍，在人格、見識上村岡將軍並不遜於武藤將軍，並且在經營大陸的意見上，兩人更是完全一致。因此，關東軍的態度也就毫無所動。

但最重要的中央，卻是這個樣子，眞是糟糕。不久，在奉天城內，吳俊陞由黑龍江省率領五萬軍隊，出來守着。加以從山海關天天要回來一萬、五千不等的敗兵。所以迨至五月下句，入關的敗兵已經達到三、四萬人。敗兵更經由京奉線和古北口而來。果爾，一旦有事，關東軍勢必陷於四面楚歌之中。奉天還好，瀰漫整個東北的排日，一發生事情，勢將有如燎原之火，燃燒起來；排日軍，很可能統統揭竿而起。如果又一次日軍與這些殘軍發生戰鬪，將是可怕的巷戰，居留奉天的日本人，因而不知道將遭什麼殃。奉天城內的排日，已非筆墨所能形容，日人子弟上學，已經達到危險的程度；居住奉天的日人，所唯一能够依靠的是關東軍，但這些日僑眼看關東軍之袖手旁觀的態度，不僅失望，而且開始懷恨。

這種奉天軍的排日，完全出自張作霖的主意，絕非民衆之以日本爲敵。張作霖的目的是，依靠歐美來趕走日本，以擴大其一己的勢力，謀取私利，絕沒有建立東洋永遠的和平這種信念。我認爲，祇要打倒張作霖一個人，所謂奉天派的諸將，便會四散。今日人們之以爲只要由張作霖統治滿洲，就可以維持其治安這種想法是錯誤的。張作霖畢竟是個軍閥者流，眼中旣沒有國家，更沒有羣衆的福利。至於其他諸將，祇是頭子、嘍囉的關係所結合的私黨。

正因爲他們的結合是這樣，所以祇要把這個頭子幹掉，他們便會四分五裂，而在還沒出現第二個張作霖以前，他們是不知所措的。是卽張作霖的存在，跟匪賊的頭子並沒有什麼兩樣。

幹掉頭子。除此而外，沒有解決滿洲問題的第二條路。祗要幹掉張作霖就行。

村岡將軍也終於得出這個結論。但要殺張作霖，並不必動用在滿的日軍兵力。用謀略應該就可以達到這個目的。

這時張作霖還在華北，慢吞吞地在準備逃離。於是有人認為，假華北日軍之手，便能够輕而易擧地幹掉他。因而決定派遣竹下（義晴）參謀為密使，前往華北。

得知內情的我，遂對竹下參謀說：「不要多此一擧，萬一失敗了怎麼辦？華北方面有沒有敢幹這種事的人，實在不無疑問。萬一的時候，不要給軍方或國家負任何責任，而由一個人去負一切責任，否則虎視眈眈的列國，一定會乘這個求之不得的機會來胡搞。所以由我來幹好了。因此你到華北以後，直往北京，仔細偵察張作霖的行動，確知他何月何日坐火車逃到關外，隨時告訴我。」當時，北京大使舘副武官是建川（美次）少將。

三

沒多久，竹下參謀便來了密電。他說，張作霖已經決定要逃往關外，回到奉天，並告訴我火車的預定行程。因此，我更派出偵察者到山海關、錦州和新民府等京奉線的要地，令他們確確實實地監視各通過地點，並卽時告訴我，火車是否已經通過。

至於在奉天，那個地點最適當，經過一再研究的結果，認爲大河上的鐵橋是最好的地點。

於是遂令某工兵中隊長，詳詳細細地偵察其附近的情況，結果發現奉天軍的警備嚴得不得了。而且，最低限度，得在那裡等上一個星期左右。在這樣警備森嚴的狀況之下，這是辦不到的。尤其是據說張作霖慣用替身者，所以要一次就把他幹掉，實在很不容易，需要非常充分的準備。

若是，必須另外選擇日軍的監視比較自由的地點。經多方研究以後，得出滿鐵線和京奉線的交叉地點皇姑屯最爲安全的結論，因爲在這裡滿鐵線走其上面，京奉線通過它的下面，日本人在那裡稍微走動也不怎麼奇怪。

下來就是要用什麼方法的問題。

襲擊火車？還是用炸藥炸燬火車？祗有這兩種方法。如果用第一個方法，馬上知道是日軍幹的。如果使用第二個方法，或能不留痕跡地達成目的。

因而我們選擇了第二個方法。但爲預防爆炸失敗，我們準備了第二道計畫，即令火車出軌翻車的計畫。這時，將乘其混亂，使刺刀隊衝上去殺。我們的一切準備都完成了。

根據第一手情報，六月一日不會來，二日，三日也沒有動靜。迨至四號，來了張作霖確坐上火車的情報。

通過交叉地點將是早晨六點鐘左右。我們遂裝上第一道和第二道爆炸裝置，以便防止爆炸的失敗。但要在當場炸死張作霖，則需要很多的炸藥。如果炸藥量少，很可能達不到目的；如果多，效果當然較大，但會鬧得很大。眞是頭痛。

與此同時，我們又擔心在這個時間滿鐵線的火車開過來。當然最好是事先告訴滿鐵，但這是屬於絕對的機密，所以又不便這樣做。因此，爲了發生萬一的時候，遂裝設發電信號，以防止滿鐵線的危害。

毫不知情之張作霖的專車，終於開到交叉地點來了。與轟隆的炸聲之同時，黑煙飛揚兩百公尺上空。我以爲張作霖的骨頭也飛上天空了，其黑煙和炸聲的厲害，使我驚奇不已。

由之，第二道的出軌計畫和刺刀隊現在都用不着了。惟萬一如果對方知道這個爆炸是日軍所計畫的，並派兵來的話，我們決定不使用日軍，而將由荒木五郎指揮其所組之奉天軍中的「模範隊」來對付；在另一方面，安定城內，有關東軍司令部的東拓前中央廣場，則由軍的主力來警備。

萬一如果奉天軍動用兵力的話，張景惠將內應日軍，另起獨立之奉天軍，發動如日後的九一八事變，惟奉天派有聰明的臧式毅，阻止了不能自制之奉天軍的行動，而防範奉天軍與日軍的衝突於未然。

爲了鎮靜人心，沒發喪，而祇發表張作霖負重傷，沒有生命危險，因此奉天城內非常安靜。這時候，排日行爲停止了一段時間。

四

張作霖被炸死以後，張學良和楊宇霆這班人猜不透在奉天之日軍的意向，因而留在錦州方面，不回奉天，在那裡觀望，所以奉天遂以袁金鎧爲首長，組織東三省治安維持會，以爲臨時政權。

而在日本方面，對於今後東三省政權的首腦應該推舉誰的問題，有各種意見，奉天軍事顧問松井七夫少將一派擁護楊宇霆，當時在奉天特務機關長秦眞次少將一派則支持張學良，兩派互相暗鬪。

但秦和松井認爲令奉天政局呈現眞空狀態實在不適宜，因此他倆遂向張學良表示沒有他意，並慫恿張、楊回奉天，所以張學良纔放心，而化裝工人回到奉天來。

正在此時，前駐華公使林權助來奉天，與心神還不寧靜的張學良會面。林權助對張學良說明，日本外史中「關原戰役」後，豐臣與德川之關係的一段，暗地裡把張學良當做豐臣秀賴，比擬楊宇霆爲德川家康，以鼓勵張學良。

比諸大阪城淪陷後豐臣秀賴的命運（譯註四），張學良對說不定會變成德川家康的楊宇霆，經常疑神疑鬼。這時，楊宇霆舉辦了祝壽（譯註五），張學良也列席了這個盛宴，從全國各省，更參加了如山的要人，頻送貴重禮物，這使張學良覺得天下的諸侯在豐臣秀吉去世後，已經傾向德川家康了。

至此，張學良對楊宇霆的猜疑愈來愈深，從而懷有要將其殺害之意。於是張作霖被炸死翌年四月間，張學良便把楊宇霆請來奉天督軍公署，並令事先安排好的衞兵長某人，用手槍當場將楊宇霆打死。

得悉這個消息的秦少將，和身居奉天軍的黃慕（荒木五郎），遂抓住這個機會，擁護張學良爲東三省的新主人，策劃張學良走向親日。可是，當時在張學良身邊的年輕親信們，却都醉心於歐美，崇奉自由主義，因此張學良的恐日，遂逐漸變成排日，而終於成爲侮日。

而爲其具體表現的，就是滿鐵線的包圍鐵路、萬寶山事件，和馮庸大學的排日教育。排日和抗日，甚至比張作霖時代更爲積極，而且日趨激烈，秦少將等人所意圖的張學良懷柔方策，由之完全歸於畫餅。

如此一來，梟雄張作霖死亡後變成張學良時代，但滿州的對日關係不但沒有好轉，反倒背道而馳，所以我覺悟：除非再用武力打倒張學良政權，滿洲問題將永遠不能解決。

反此，日本政界欠缺要解決滿蒙問題的誠意，對於張作霖被炸死事件不僅沒有妥善處理，並且更有人把它當做倒閣的工具，譬如中野正剛、伊澤修二等就是這類人。

當時的陸相是白川義則上將，他很愚直，對事件不會答辯，因此更予中野、伊澤等以可乘機會，而終於導致田中內閣的垮臺。

由於參加這個事件的我，受到停職處分，村岡軍司令官、齋藤參謀長和水町竹三獨立守備隊司令官（譯註六）也分別遭受行政處分。

政爭終於誤國策。政黨政治之弊端，至此達到極點，爲日本憲政史上留下最好的例子。因此我於一九二九年五月，被謫降爲第九師團司令部附，同年八月，因受到停職處分而脫離軍職。爾後，依以前伏見聯隊時代的關係，暫居京都伏見深草願成，表示禁閉之意。

五

在這禁閉生活之中，我充分把握了默思的時間。社會滔滔走向自由主義，他們大事抨擊以武力解決滿蒙問題，有的外交官，甚至主張放棄滿洲和蒙古。

年年在增加的日本人口，應該怎麼辦？糧食的對策呢？現在應該重新檢討由這些問題而產生的經濟政策才對。其當然的解決方策，實捨對大陸堅定的方策莫屬。而我所採取的武力方法，是不是應該受到人們的攻擊？如果應該反省，我將反省。

我爲了自責和自省，以及虛懷若谷地把握時代，我曾努力於研究。我又請教過京都帝大的許多權威學者，更連日前往京都帝大的圖書館，廣覽有關政治經濟的羣書。

結果我得出這樣的結論：日本的將來，實惟賴滿蒙問題的解決。我更堅信：日本應該以新的構想，來解決滿洲的問題。

我謫居伏見一年以後，又恢復軍職，並任第十六師團司令部附，但翌日，則被編入預備役。由禁閉生活已告一個段落，所以遂移住東京。（譯註七）

（譯註一）有關東方會議，李雲漢編，正中書局所出版「九一八事變史料」，刊有日本外務省經過報告的譯文。

（譯註二）原文把關內和關外弄反了。

（譯註三）此處敍述與事實有出入，濟南事件，是因爲左傾的賀龍組部進城搶奪，與日軍發生衝突而起。上村伸一著「中國民族主義與日華關係的展開」二三八頁。

（譯註四）豐臣秀賴（一五九三——一六一五）是豐臣秀吉的次子。豐臣秀吉去世時秀賴才六歲；因此秀吉在臨終前，便集各諸侯宣誓擁護秀賴，可是秀吉死後，經過各種曲折，終被秀吉的武將德川家康所亡。

（譯註五）但根據森島守人的說法，做的是楊宇霆父親六十歲的生日（森島著「陰謀、暗殺、軍刀」一書三三頁；可是曹汝霖却說是楊宇霆父親七十歲的生日（曹汝霖著「一生之回憶」日文版，一九二頁）。

（譯註六）原文把水町竹三的名字寫成水町袈裟六，這是錯誤的。水町竹三當時是陸軍少將，後者爲財經專家，樞密顧問官。

（譯註七）據說，原文在形式上雖然以河本大作的名字發表，但實際上是由其口述，平野零兒筆記的（中村菊男著「九一八事變」，八一頁）。本文譯自一九五四年十二月號「文藝春秋」。

張作霖被炸死的眞相

白井勝美

五・一八覺書

一九二八年四月，中國革命軍總司令蔣介石（以下簡稱蔣先生——譯者），爲了消滅割據北方的張作霖等軍閥，進而統一中國，再度開始了總攻擊。此時，蔣總司令曾經說：中國內戰之所以繼續不斷，是因爲帝國主義國家對張作霖等提供武器和秘密借款；亦即外國之支持北方軍閥，拖延了中國的內亂，破壞世界的和平；因此發出無故干涉和妨害革命運動者就是中國人民之敵人的佈告。抨擊外國之援助軍閥，並呼籲其萬勿干涉中國內戰。而援助身居北京之大元帥張作霖，妨害革命軍北上者，乃以日本爲主，這是衆所周知的事實。一九二六年北伐時，藉保護居留民之名出兵山東，阻止革命軍北進的就是日本。是即以東三省爲根據地的張軍閥與日本的關係，是多年而非常複雜的關係。而且，當時的日本內閣，更是以東方會議，對中國採取强硬政策馳名的田中義一政友會內閣。

蔣先生於一九二六年十一月，在日本秘密地與田中首相會見，就中國情勢大約談了兩個小時。這時蔣先生說：「中國人之所以排日，是因爲他們覺得日本在援助張作霖。厭惡軍閥的中國國民認爲，軍閥依賴日本。所以日本應幫助我們同志早日完成革命，掃除國民的誤解。若是，滿蒙問題便可解決，排日亦將絕跡。」

由於日本希望反共的蔣先生控制南方，因此田中勸告蔣先生要好好地掌握長江以南，並說，爲此日本將盡量給予援助。田中更說，日本並沒有援助張作霖，日本所希求的祇是維持東北的治安。

在這個會談中，田中所一再強調的是，希望蔣先生專心於南方一帶的統一，不要急於北進。

可是蔣先生麾下的革命軍一開始進軍，田中內閣便於四月十九日，又藉口保護居留民，聲明要出兵山東。當時青島和濟南，大約各有一萬兩千和兩千兩百的日人。對於日本政府決定出兵，有許多人表示反對。譬如「朝日新聞」便以社論攻擊它說：日本的出兵事實上既然將左右戰爭，所以應該特別愼重；如果漫然再度出兵，或將導致意外的結果。

一九二七年和二八年的兩度出兵山東，究竟是誰主張最力，確是一個非常有趣的問題；

關於這個問題，當時的外務省亞細亞局長有田八郎說，四局二部長會議的出席人（參謀本部第二部長松井石根、陸軍省軍務局長阿部信行、軍令部第一部長米內光政、海軍省軍務局長左近司政三、大藏省富田理財局長等人）全部反對出兵；惟政友會以留華日人如果被殺，勢將難保內閣，因而強行出兵。換句話說，田中內閣之出兵山東，係完全基於執政黨的利益和策略。的確，當日的政友會，對內閣的影響勢力非常強大。外務省政務次官森恪，是田中內閣事實上的中心，在那著名的東方會議席上，森恪竟大言說：「不許擔任實務的官吏，採取違反政友會方針的行動」；當然森恪這番話，使陸軍以外的委員，認為東方會議簡直是政友會外交政策審查會議，而大抱反感。

日軍於四月二十六日抵達濟南；在另一方面，勢如破竹的革命軍，也於四月底到達濟南近郊；防守濟南的張宗昌撤退，革命軍進城，於是中日兩軍遂互相對峙。五月三日，因中日雙方的小規模衝突，而發生所謂濟南事件，中日兩軍於是開始交戰；五月七日，日本發出最後通牒，增派第三師團，以攻擊濟南，佔領濟南及其附近。此時，派到山東的日軍，竟達一萬五千人，前述「朝日新聞」的杞憂，終於變成了事實。由於日軍的反擊，遠超過保護居留民的範圍，更殺死中國外交官，所以排日運動，遂瀰漫於整個中國。

革命軍在濟南被日軍阻止以後，遂迂迴濟南，往北京進攻，迨至五月中旬，張作霖所據的北京之陷落，便成爲只是時間的問題。北京如果陷落，張作霖很可能逃回其根據地東北；革命若果追擊張部，戰火自會波及有許多日本權益的東三省；革命軍萬一佔領東北的話，日本的權益將遭遇到重大的威脅。

爲了因應這種緊急局勢，田中內閣於五月十六日的內閣會議決定方針，對南北兩軍通告：「戰亂進展至京津地方，其禍亂將及於滿洲時，爲維持滿洲的治安，（日本）帝國政府將採取（其爲認）適當而有效的措施」，以喚起其注意。

這裡所謂適當而有效的措施，意味着張作霖如果在北京附近開始戰鬭之前撤退到東北的話，日軍將容許其這樣做，如果與革命軍交戰敗北而欲逃回東北，則張部和革命軍都將被解除武裝，並阻止其進入長城以北。換句話說，絕不許革命軍揷足東北；對於張部，如果現在很有秩序地要回東北，可以，如果變成敗軍的話，將阻止於長城以南，不許其再回到東北。

在條約上，日軍有權利警備滿鐵沿線，因此要防止中國軍的戰火波及滿鐵沿線還說得過去；但說是不許戰鬭中的中國軍進入山海關以北一步，並要解除其武裝，當然這是嚴重的干涉內政。這在條約上，完全沒有根據。至於要如何阻止中國軍隊進入東北，關東軍對與華北駐屯軍隨時協力以實行，是卽日本政府的方針，決定擬乘此機會，一舉解決懸案的滿蒙問題。

首相兼外相的田中於五月十七日，請來美、英、法、義等列國大使，極秘密地傳達了日本政府的這個方針。各國外交官得悉日本將開始大規模的干涉而大爲震驚。

張作霖在北京，非常焦慮其軍隊遂漸被新銳的革命軍打敗。他自己也覺得，北京之陷落將是時間的問題。正在此時的五月十五日，山本條太郎滿鐵社長到北京求見張作霖，目的是要張作霖在去年秋季山本與張所約定的滿蒙五鐵路建設協定的細目案上簽字。滿蒙鐵路建設協定一直是滿蒙的最大難題，山本於去年秋天，到北京竟卽時獲得張作霖的諒解，使中國方面、關東軍和日本駐華機構覺得非常意外。

據說，山本獲得張作霖諒解之後，卽刻到張作霖的總參謀長且握有奉天當局實權的楊宇霆房間。楊宇霆以張大元帥爲這簽了字而很不高興地大聲對山本抗議說：「滿鐵是高利貸，對貸款要拿份外的高利！」山本答說：「是高利貸，但不要利息也可以。」楊宇霆又罵說：「對貸款鐵路，日本要派會計監督、總工程師等等，以抓實權。」對此山本答說：「贊成，這些人可以叫他們回去。」

在另一方面，外邊流傳山本之所以能夠獲得這樣成功，乃由於兼施威脅和賄賂的結果。惟這個協定的細目實施案始終不能定案，因此山本遂前往陷落前夕的北京，使張作霖同意吉會、長大兩條鐵路的包工契約。

山本回去後兩天，亦即五月十七日下午十一時左右，日本駐北京公使芳澤謙吉訪問了張作霖。芳澤面交張作霖前述日本政府決定的通告，並予以各種說明，勸告張作霖「乖乖地」回到東北。張作霖答說：「我以討伐共產黨爲主義，如果我失敗，中國將被赤化，中國赤化，日本有沒有關係？」又說：「我死也不肯讓馮玉祥插足北京。」雖然失敗已在眼前，但曾經一度夢想統治中國的張大元帥，要其完全不用一兵而撤退北京，的確談何容易。

芳澤花費幾個小時，拼命想說服張作霖，但張作霖却沒有給予明確的答覆。據說，張作霖非常氣憤，而像鐵檻裡的老虎，在其辦公廳走來走去。張作霖原爲綠林出身的野人，不滿的時候，在英國公使面前翻過桌子；可是對於日本要其「乖乖地」回到東北的勸告，惟因其具有武力做後盾，所以不得不服從。

這個所謂五•一八通告，也由上海矢田總領事，同樣地通知了國民政府。北京政府和國民政府都認爲，這是干涉內政，並向日本政府提出嚴重的抗議。

可是在實際上，北京政府和國民政府似乎並沒有覺得那麼嚴重。因爲張作霖却已經知道敗北只是時間問題，此時如果撤退到長城以北，既可以確保其安全，而且將來或有東山再起的機會。因此張作霖雖然不滿，但建川美次少將去勸告的張學良和楊宇霆，却卽時答應。

至於革命軍方面，它在濟南受到日軍的干涉，前途多難之時，由於日本這次的勸告，國民政府着實能够統一和統治長城以南的中國；縱令追擊奉軍到東北，在東北必受日軍的干涉，所以祇有暫時忍耐屈居於長城以南。

一般來講，日本對張作霖的風評非常不好。張作霖在東三省的勢威，大有賴於日本。尤其是一九二五年郭松齡叛變的時候，因爲關東軍的援助，張作霖部纔得免於被消滅，可是張作霖却事事跟日本作對，一再地無視日人在東北的權益。因此，日本政府負責人大多主張停止援助張作霖，要求張作霖下臺。

有田亞細亞局長和阿部軍務局長，曾經聯袂往訪在修善寺靜養的田中首相，向其建議令張作霖下野，但田中沒有同意；而在決定五・一八覺書的內閣會議席上，白川義則陸相也主張張作霖的下野，但田中却堅決反對。田中的構想是，讓蔣先生統治長城以南的中國，令張作霖掌握東北，以行與日本合作、親善的政治。

眼看周圍的戰況和日本斷然的決心，張作霖自不能忽視日本要其撤回東北的勸告，因而遂於六月一日下午一時，邀請各國派駐北京的使臣，說了如下辭行的話：「我的軍隊從沒打過敗仗，乃衆所周知的事實，惟我又不能不考慮，內亂的繼續將爲民衆帶來天大的災難。」

於是張作霖便於六月三日上午，在軍樂隊奏樂聲中，大元帥的威風十足地，坐上專車，由前門車站往奉天出發。據說，本來張作霖是準備坐汽車，偷偷地回到東北的，惟因有些不安，而纔改爲堂堂正正回去的方式。

可是，張作霖所搭乘的專車，却於翌日凌晨，在到達奉天之前，遭遇到爆炸。

齋藤參謀長的日記

當時的關東軍司令官是村岡長太郎中將，跟前任司令官武藤信義上將一樣，是典型的武人。參謀長是齋藤恒少將，從一九一〇年代以後，他幾乎全在中國工作，是日本陸軍中有數的中國通，他研究辛亥革命的論文，曾經刊登於「史學雜誌」。而爲其首席參謀的，就是河本大作上校。

首先，我就關東軍首腦對時局的看法做個說明。

齋藤參謀長曾於一九二七年一月，寫過叫做「紅乎白乎黃乎」的秘密文件，分發給他的朋友們。紅指外蒙古和革命軍的統治範圍，白意味着北方軍閥政府，黃象徵着日本的勢力。其中有這樣的一段：

「處身變幻出沒，離合集散，不可捉摸的中國時局，不羅列虛構的議論和無從實行的美辭麗句，而應以建國以來日本帝國的神道亦即以八紘一宇，恢弘天業為宗旨……為確立如何使中國均霑王化的具體方策，必要時當干涉其內政，並以強大的武力為背景，舉凡妨害天業者應為剷除，斷斷乎往王道邁進。」

這實在不愧為軍人的主張（本文所引述有關齋藤參謀長的文件，係由其遺族所提供，他們要筆者很忠實地述引。）

齋藤遺族，還保存着一九二七年春天和一九二八年春天齋藤所寫內容相同的兩份文件，皆題為「中國救國策」，其第四項這樣寫着：

一、（日本）帝國為援救中國，應在滿蒙設立自治聯省，拯救其生民於塗炭之苦，垂其範於中國本部，以確立宣佈王道於全世界的根基。

㈠順序方法

⑴令北京政府聲明請（日本）帝國援助滿蒙的統治；

⑵如果北京政府不肯，就令某中國人聲明請日本援助，在滿蒙設立自治聯省；

⑶不管以前述那一個方式，（日本）帝國應該向世界聲明，因爲中國民衆的要求而不得不去援救中國，並即時着手其實行；

⑷如果北京政府照第一項聲明，（日本）帝國應予以援助，至少在長江以北設立聯省自治，承認這個政府，並指導一切。

這無異是要建設有如日後之滿洲國的計畫。當然這不是關東軍的正式決定，因此這項資料的重要性如何也不得而知，但由此當可窺悉當日關東軍首腦的傾向。

照前述所說如果戰亂波及東北時，將在山海關等長城之線阻止南北兩軍，並解除其武裝的五月十八日的通告內容，也轉達了屆時將執行這個任務的關東軍。現在我想根據齋藤參謀長的日記，來觀察當時之關東軍的動態。

這個日記是在小筆記本上，以備忘方式寫的，有些地方看不很清楚，但這是非常珍貴的資料。日記的第一頁，開始於村岡軍司令官的訓示，內容爲：

「認為有害於維持滿蒙的治安者，應即時解除其武裝，如果不肯解除武裝，則斷然阻止其進入東北，尤其是南軍，絕對要阻止其揷足東北一步。」

它沒有日期，但可能是五月二十日，是根據中央的訓令而來的。由於這個命令，關東軍遂很緊張，並進入非常狀態。

移動滿鐵附屬地內的軍隊，乃屬於關東軍司令官的權限，而為阻止中國軍隊進入東北，並解除其武裝，非得遠離附屬地，出動到山海關附近不可。為此，需要「奉勅命令」。關東軍以奉勅命令的下達為前提，完成戰時體制，準備出動，等着奉勅命令

五月二十一日齋藤參謀長的日記說：

「九時，下十二時發生效力的命令，十二時集合受命者，可是奉勅命令却還沒下達。政策似攪拌了統帥（權）。

政府似自始就要讓張作霖自由退却。此種做法無異是以政策左右用兵。」

五月二十一日，待命一個晚上，但出動的奉勅命令終於沒有下達。士氣高昂的關東軍，很不滿政府的處理。

五月二十二日：

「十時，把軍司令部移到東拓樓上。三時七分，如預定，軍司令官到達奉天，即時遂臨時軍司令部。報告狀況及經緯，下雨很麻煩。有些戰時氣氛。」

二十三日，中央派來田代上校（參謀本部中國課長），以轉達解除武裝的原則。這以陷於混亂狀態的部隊爲順序，但要保存北方的勢力，同時並不强制張作霖下野。日本政府決定：解除武裝時，對南北兩軍要公平地實施；但在實際上，以軍司令官的手法，對北軍將採取比較緩鬆的方針。

關東軍在奉天，以出動態勢，每天待機着。對於不果斷的政府，他們日趨不滿。這時在北京，更有關東軍將强行接收京奉線和出兵錦州的謠言。

五月二十五日：

「松岡（滿鐵）副社長談國內的空氣。他辯解說，對於要不要讓（張）作霖活下去，社長沒有多嘴。但說關於山東鐵路，張宗昌和張作霖都已完成了要委託滿鐵的契約。國內對濟南事件沒有太大的反應。他曾進言要懲罰全南軍，但（首相）祗聽着。他看田中首相改造內閣的情形，認爲首相戀戀於首相的位子，以私情任命國務大臣，簡直是私國政。因此我們應有所考慮。」

五月三十日：

「滿鐵社長來。由司令官聽了他與司令官的會談。民政黨也認為，此時日本應該解決滿蒙問題。但是，⑴幹掉（張）作霖，使日本為所欲為；⑵讓其多活些日子，使其變成傀儡；⑶令列國勢力入滿蒙，以實現所謂機會均等等等。首相的想法似乎還沒定。

司令官說，首相具有因外國之言而會動搖的癖性，社長答說是這樣嗎？而有憂色。

司令官要社長告訴首相，黨派變成怎樣無所謂，但這是首相最後的奉公。（譯註一）

要之，社長的想法好像是，要讓（張）作霖多活幾天，以便做工作。社長又說，松井顧問也希望（張）作霖多活幾天；町野也同樣意見。

如果是為日本（利益）而要讓他多活幾天，當然沒話說；但卻又說以可憐為理由而讓（張）作霖多活些日子，對日本並沒有利益。因此社長的意思似乎為：這個傢伙，如果好好做工作，他還是會聽話，如令其多活些時候，對工作有幫助。……總之，司令官的想法還可以，但首相的不果斷將不抓虻蜂。噫！」

對於田中首相的不果斷，有人認為外國的意向是一個重要的理由。美英等列強，對於日本這次的強硬措施當然具有很大的警戒心。十九日的英國曼徹斯特衞報說：「從覺書（五・

一八）的文字，令人覺得就是在名義上東北並非中國的屬地，而是日本的領土。」並說美國國務卿凱洛格也是同樣的見解。

對於上述的報導，田中首相命令松平駐美大使向美國當局抗議說，把日本覺書解釋為創設保護領土的宣言，完全是曲解。所以松平於五月二十二日往訪凱洛格，強調日本對中國方針沒有任何變化，仍然以保持中國領土的完整和機會均等為宗旨。

田中首相的遲疑，並非來自美英等國家的暗示。事實上，在這個期間，外國並沒有過强有力的意思表示。而田中首相之相信日本方針從未變化也不是完全沒有根據。五・一八覺書和政府具體方針的決定，尤其是解除武裝和在長城行使武力將是重大的干涉內政，更將是東北的保護領土的佐證。

惟南方的革命軍在表面上雖然提出了抗議，但在心理上却覺得日本的這種方針也不錯，因此很婉轉地轉達關東軍，北伐將在長城暫停，不進軍東北（事實是否如此，有待查明——譯者）。

在另一方面，對北軍來說，張作霖個人雖然很不滿，但戰局的敗勢，祇有令他服從日本的勸告。在這種情勢之下，田中首相就是以為關東軍之出動居留地外，和行使武力在實際上不可能實現也不是沒有道理的。

可是關東軍却完成一切準備，認爲撲滅排日的良機不可錯過，而一刻千秋地待機着，加以出動命令之遙遙無期，係緣由於首相的不果斷，因而對田中首相和政府非常不滿。

五月三十一日：

「張（作霖）之撤退北京已經是時間問題。因此對中央拍電請示……」。

六月一日：

「我們所能考慮的是解除武裝，想到深更半夜，除解除武裝外，想不出更好的辦法；軍司令官認爲，至少需要解除一部份的武裝。

此時聲明如果變成空語，日本在世界的立場（地位——譯者）將完全掃地。有人主張，私政治的現任首相應該換掉。我大有同感。噫！」

六月二日：（張）作霖逃出的消息，和南北妥協可能成立。若是，日本又將因此而得對外國「客客氣氣」。看樣子，暫時不能動部隊，萬事皆休。這種理想是否能够實現，實大有疑問。

六月三日：

「（張）作霖終於逃出（北京）。但張學良和楊宇霆留在（北京），縮小戰線，以阻止（馮玉祥）進入北京。好戲還在後頭。

（參謀）總長希望我們維持現狀。因此決定派人去請示今後的方針。但我想說也沒有用。

沒有骨頭的外交是不行的，……。

秦少將說，二十一日之以不發奉勅命令的電報，被河本拿走。又令森岡說，軍憲要殺（張）作霖的計畫，似係由河本所規劃。

今天，總領事給我看電報。公使暗示軍憲可能殺（張）作霖。這或許是對我們的諷刺。

被托研究（張）作霖到達後的方策；據說，師團長喝醉酒後曾經對土肥原說現在的幕僚在煽動年青者。（秦）

大元帥張作霖雖然將要撤退北京，但出動命令卻終於沒有下來，關東軍以『萬事皆休』而非常失望。許多人都認為，田中首相應該下臺。明天是張作霖抵達奉天的日子。凌晨，瀋陽車站已經有許許多多的人在那裏準備歡迎。」

六月四日：

「五時二十分左右，張作霖的列車似在京奉線陸橋脚被爆炸。（張）作霖、吳俊陞、嵯峨顧問均負輕傷。

即時發出警報，但稍微早了一點。所以要其在宿舍內警備。陶尙銘與土肥原、嵯峨一起來說，據傳這個事件有一半的可能性是日人幹的。因此我說明其爲什麼不是。土肥原和嵯峨同意我的意見。宣傳說似爲便衣隊所幹，但幹得非常不高明。（張）作霖眞是幸運。據說，幾天來在錦州、山海關等地，大有可能發生此事的謠言。

上午十時半左右，人心已經恢復平靜。城內派有很多巡警，好像是所謂戒嚴。

我於中午動身，以陶和土肥原爲先頭，先訪問臧式毅，請其轉達關心（張）作霖傷勢之意，繼而直往在城外的吳宅。車子在門口幾被攔住，但遂開進去，遞名片後卽刻離去，時爲一時前後。」

張大元帥所搭乘的專車，於六月四日早晨，在到達奉天之前，京奉、滿鐵兩線的交叉點，遭遇到某種的大爆炸。聽到張作霖遭殃的消息而最灰心的，是田中首相和山本滿鐵社長。白川陸相、森政務次官、阿部軍務局長和有田亞細亞局長等人是張作霖下野的支持者，所以一直到知道爆炸與日人有關係以前，很可能把張作霖的遇禍當做轉變時局的良機。

田中首相說：「大勢已去」，而極端失望。當天在滿鐵本社上班的山本社長，獲悉爆炸後說：「這怎麼可以，政友會完蛋了，我要回去。」而與平常的不屈不撓，完全兩樣。

有人說爆炸與日軍有關係，也有人認爲是楊宇霆的陰謀，各說紛紛，莫衷一是，甚至連張作霖的生死也不明。但張作霖之捲土重來，似很困難的樣子。

田中外交的失敗

計畫並實行炸死張作霖的是關東軍高級參謀河本上校。祇要幹掉排日的巨頭張作霖，其餘的將領都是類同土匪的頭目，因此可以挽回日本的勢力。

「幹掉巨頭，我認爲除此而外，沒有解決滿洲問題的方法。只要殺掉張作霖就行。」河本參謀在其最近的手記（譯註二）這樣寫着。河本原是直情徑行之士，對於奉天軍閥的排日氣勢，非常憤慨。

正當此時，由於革命軍的北進和日本的勸告，張作霖不得不撤退北京，所以這是幹掉張作霖的良好機會。張作霖之下野，不僅爲河本參謀所主張，也是村岡司令官以下關東軍首腦共同的見解。在中央，白川陸相和阿部軍務局長等也贊成。

可是，政府的方針似乎要讓張作霖回到東北，以保存其勢力；而且，最重要的出動京奉沿線的奉勅命令也沒下達。因此，如果這樣下去的話，將失去殺掉張作霖的最好機會，由之整個東北將再次受到張作霖軍閥排日運動的威脅。於是河本遂下定決心，要以獨力來實行對張作霖的暗殺。

河本祇告訴他的幾個親信，並要他們協助實現這個計畫。他派竹下參謀到北京去調查張作霖出發的時間和列車的狀況等等；建川少將在北京做武官；田中隆吉上尉也做了很詳細的列車編制的調查；他更派人到山海關、錦州等京奉沿線的各要地去偵察。他們所選擇的爆炸地點是皇姑屯與瀋陽車站（京奉線是奉天車站）之間，滿鐵線與京奉線交叉的鐵橋。

張作霖部也很注意這個交叉點，因此金憲兵中尉便於六月三日面會奉天憲兵分隊長三谷少校，要求在交叉點陸橋附近，滿鐵線堤防上派遣中國兵，但為三谷所拒絕，所以變成鐵路橋上是日方的警戒區域，橋下為中國方面的警備區域。又警備陸橋附近的日方負責是獨立守備步兵大隊中隊長東宮上尉，而這個東宮就是爆炸的直接指揮人。

東三省當局在瀋陽車站和皇姑屯，幾乎無立錐之地地排列士兵，以防萬一，在這兩個車站之間大約一個英里裏，配置了五十名左右的騎兵和憲兵，陸橋下面附近，金中尉也帶幾個憲兵在那裏擔任警戒。

可是，日方龍山工兵隊的一部份，却偷偷地在鐵橋脚下裝上炸藥，同時事先準備了兩個中國人，拉至其附近以他們行動可疑，而予以刺殺，並在死人身上塞進與南方有關係的信，以便令人相信這是南方便衣隊所幹的勾當。

張作霖的專車，以貴賓車、展覽車、餐車、臥鋪車爲順序；這時張作霖和吳俊陞、嵯峨少校一起在展覽車；列車通過陸橋的瞬間，與轟隆的爆炸聲音，黑烟垂直地往空中飛舞，爆炸完全命中。於是，河本所準備的第二、第三預備計畫也就成爲不必要了。

河本參謀的這個計畫和實行，齋藤參謀長和村岡軍司令官完全都不知道。但在希望採取軍事行動，以解決滿蒙懸案，以及要令排日巨頭張作霖下野，並埋葬其政治生命這一點，關東軍首腦部門實具有一致的見解，同時政府裏頭的白川陸相、森恪等不少人也贊成他們。所以，實行爆炸的雖然是河本本身，但在其意圖，河本與關東軍首腦部和白川陸相等陸軍的中央不是完全沒有關係，基於這個觀點，這個事件可以說是田中內閣對中國政策的一個凝聚點。

張作霖遭難後的東三省政局，全面地陷於渾沌狀態，治安也很可能混亂。眼看這個局勢，白川陸相遂於爆炸四天後，六月七日的內閣會議席上，提出對關東軍附加兩項新任務的提案。這可能也是關東軍的要求，其內容是這樣的：

由於張作霖負傷，東北瀰漫着不安的空氣，因此擬賦予關東軍以㈠因戰亂而混亂的中國軍欲進入東北時，出動到京奉沿線的適當地域，以解除混亂部隊之武裝的權限；㈡勃發兵亂時，集結日本居民到哈爾濱、吉林等地，並予以保護的權限。當然，關於出動的時機等等，有待政府的指示，但其提案的大意是要事先給予關東軍以這種權限，而爲此，希望增加關東軍的兵力。

根據此提案，關東軍認爲形勢緊急時，京奉沿線不必說，甚至於卽時可以出動到哈爾濱和吉林，有關東軍之稱霸整個東北的宿願，由之將可啓開其端。

但是，內閣會議大概以爲不會發生需用武力阻止的局面，也不必準備集結日僑爲理由，而否決了這個提案。其結論是，需要從關東軍司令官的腦筋除掉這個念頭，關東軍應該遵守軍方固有的任務，並由田中首相轉達了森恪政務次官。

人們所說積極政策的健將森恪不滿田中首相的政策，因而他倆之間有很大隔閡，祇要看五・一八覺書以後的經過就可瞭然。要之，五・一八覺書以還，關東軍引領而待的出動，遂正式決定暫時延期。

關東軍之確認張作霖因爆炸而死亡的情報，是六月八日，但關東軍卻絕對守其秘密。張作霖死亡後，東三省政權應該讓誰來繼承？企圖攪亂治安的浪人們，卽刻開始其活動。我們再來看看齋藤的日記：

六月十日：

「宗社黨的一伙人，若月、吉田等浪人蠢動，晚間十時左右，五、六個地方（商埠地等）投擲炸彈。這幫人的行動，眞是傷腦筋。

據傳，列車的爆炸，很可能是車內裝的炸彈。」

六月十一日：

「黃昏，高柳奉社長之命來看司令官，又與總領事聚餐，交換意見，結果決定支持（張）學良。但林（久治郎總領事——譯者）似有意擁護（張）作相……。堯在遼東大飯店被憲兵『保護』，這是不對的。」

六月十二日：

「町野來奉天，談了許多。他以（張）作霖沒死爲前提談話，也與司令官會談。

（陸軍）次官要求答覆其說，如得（張）學良、楊（宇霆）的輔佐，時局可安定的見解。」

六月十三日：

「請來秦、土肥原、嵯峨等人，聽取意見後，給次官回信，對它表示疑問。楊（宇霆）回奉天後，可能揷青天白日旗子，對這點，日本交將無可奈何。命令憲兵制止浪人的蠢動。投擲炸彈沒有用。」

關東軍非常憎恨楊宇霆，因此絕對反對他掌握張作霖死後的東三省政局。反之，田中首相和關東軍，都贊成張學良爲乃父的繼承人。張作霖的死亡，於六月九日非正式發表，二十三日擧行葬禮。

當時跟張學良會面的滿鐵某理事，曾就當日張學良的風采說：

「他的頭髮很長，由頰到下巴，蓬亂得好像幾天沒梳過頭，臉色蒼白，眼睛窪下去，穿着白色孝衣，加以其孝衣，依帶孝之慣例不洗，所以髒得變成灰色，由於他平常愛漂亮，因此他這個樣子顯得特別可憐。」

當然，此時他已經知道其父親是被日軍炸死的。

沒多久，在東京流傳說，爆炸事件與日本軍人有關係。爲了解實情，河本上校被召回東京，從六月二十二日，大約停留一個星期，報告了爆炸前後的東北情形。

由於河本把事件的經緯說明得頭頭是道，所以白川陸相首腦部都覺得關東軍不但跟這個事件沒關係，而且是受了委屈。河本曾對中央建議對東北要積極。他從東京對齋藤參謀長報告說，中央的空氣是有意的，但似在顧忌社會輿論。

河本雖然很順利地自圓其說，並回到奉天，但以後事實却逐漸明白，於是峯憲兵司令官遂親自出差奉天開始調查；在另一方面，於九月間，由外務省、陸軍省和關東廳組織張作霖爆炸事件特別委員會，並於十月二十三日所召開第二次委員會席上，由關東廳的大場事務官，詳細報告這個事件是日僑伊藤謙次郎和關東軍河本參謀所計畫實行的。

因此，河本被峯司令官問得束手無策，所以他便於九月二十七日寫信給晉升中將，回到東京的齋藤參謀長訴苦說：

「尤其是最近，爲爆炸事件的問題，峯憲兵司令官來到奉天，被問得非常不愉快。給軍司令官的信說，小官曾寫信給伊藤謙次郎，但我沒給他寫過信。伊藤被叫去詢問，但他否認了，他說這是小川鐵吉的使者工藤並安達（此地國粹會的浪人）所幹。部隊在十天左右以後就會回到旅順。在奮鬪而被懷疑，爲國家努力而竟不爲社會所容的今日狀況之下，眞希望早日回去安靜的旅順。」

張作霖死亡後，以張學良、楊宇霆爲首的東三省新政權，雖然經由日方拼命說服和安撫，但却堅決主張要與南方妥協，並在東北懸掛青天白日旗。田中首相透過林總領事提出警告，一方面以提供援助爲餌，另方面處心積慮地想把張學良政權置於日本的影響之下。爲此，特地遣派林權助男爵（譯註三）前往東北，但沒有得到任何效果，而於該年年底，在奉天等各城市，同時升起了青天白日旗。如此一來，蔣介石國民政府統一整個中國，田中首相的經綸歸於失敗。

河本的爆炸責任明確以後，田中首相遂上奏：「關於炸死張作霖，日本軍人似有所干與，這如果屬實，將召集軍法會議予以處分。」

但是，政友會出身的閣員和陸軍，却以將影響日本在國際上的信用，而堅決反對公開這個事件的眞相。可是，在野的民政黨却把它當做打倒田中內閣的最好材料，提出國會，而成爲政爭的焦點。於是田中遂不得不根據政友會的方針，決定以行政處分來處罰有關的人員，並這樣上奏日皇，日皇責罵田中前後兩次的上奏有出入，因此田中內閣終於一九二九年七月，與發表河本參謀等處分的同時，提出總辭職。

又，田中內閣掛冠稍前，日本正式承認了中國國民政府。

（譯註一）齋藤參謀長的日記，正如原作者所說，好多地方意思不清楚，因此譯文也可能有不清楚的地方，這點請讀者諒解。

（譯註二）河本的手記發表於一九五四年十二月號「文藝春秋」。

（譯註三）王鐵漢將軍把林權助誤爲瀋陽總領事，其實總領事是林久治郎。王將軍大文原刊「傳記文學」第四卷第一期，後來收於李雲漢編，正中書局出版「九一八事變史料」一書。

張作霖被炸死事件

林久治郎

張作霖所搭乘的火車，迨至六月三日（一九二七年）晚上還沒到；但於四日早晨五點半左右，我還在夢中時，竟然聽到轟隆隆的爆炸聲音，窗子的玻璃，震動了一陣子。據我多年的經驗，我猜想這是很大規模的爆炸，爲了因應事變的突發，洗臉後準備換衣服的時候，警察來電話報告說，目前在京奉線的交叉點附近，中日兩國軍隊正在交戰中。

我叫他卽時向軍司令部確認事實，幾分鐘之後，軍司令部來電話說，在交叉點附近，中國軍雖然散開正在射擊，但日軍並沒有應戰，由之我纔有點放心；而爲獲得更詳細的情報，我喊來了河野副領事，河野說，爆炸後大約三十分鐘，奉天交涉署日本課長來電話告訴：日本人在交叉地點爆炸了張作霖所坐的火車。河野問對方，說是日本人幹的有沒有證據。對方說雖然還沒有證據，但無疑地是日本人幹的。

鑑於事變的重大性，我遂命令（總領事館）館員和警察們總動員，並向軍方要求情報，而根據截止中午的報告，張作霖所搭乘的火車在交叉點被爆炸，張作霖和吳俊陞負重傷，坐在前面車廂的莫德惠、劉哲、張景惠等大官，和日人軍事顧問嵯峨（誠也）少校也受了傷。

中國方面雖然說是日本人炸的，但並沒有任何證據。惟事故發生在日本附屬地內，所以自難逃避警備疏忽的責任。因此我遂命令內田領事會同交涉署派來的調查員前往現場臨檢，共同調查。下午，我請來嵯峨少校，聽取實際情形。他說，爆炸之前，他跟陳慶雲前往張作霖的車廂，那時張作霖與吳督軍面對而坐，當他向他倆說早安時，突然發生爆炸；這時，在這個車廂裏，除僕人在僕人室外，祇有他們四個人，由此他負輕傷，他跳出車外，但又回來拖救張作霖和吳俊陞。

此時，吳俊陞已經奄奄一息，張作霖說着譫語。他把張作霖抬出車外的時候，從被切斷大約三百公尺而停在那裏的警衞車下來幾百衞兵，散開在田地裏開始射擊，他以爲這時萬事莫如救張作霖急，環顧附近，結果發現一部不知道誰坐來的車子，遂把張作霖抬進車內。在這前後，聽到爆炸聲音，從瀋陽車站停車場趕來者陸續到達，吳督軍被這些人所救，他也被中國軍官抬到公館。而到總領事館時，他還是遭難當時的服裝，臉上、頭部有很多輕微的裂傷，衣服也破了好幾個地方。

發生事件的當時，服務本館的一個警察特務員，剛好在交叉點東方大約一百公尺的地方，他說他目睹了爆炸，他觀察其情況一陣子後，發現坐在前面車廂的警衞隊下車，散開開始射擊，但他們避開插着日本國旗的滿鐵停車場，而往紡紗廠方面射擊，他因感覺危險，所以即時避到附近日人家裏，同時以電話向本部報告。在爆炸前後，交叉點附近幾乎沒有什麼人，惟大概看到紡紗廠方向有些中國人，因此才對他們射擊。

根據當日黃昏的報告，前一天晚上十一點鐘左右，有兩個行蹤可疑的中國人，從附屬地沿着滿鐵線路要往交叉點方面去，衞兵問他倆，他倆不作聲，因此要抓他倆，他倆開始逃跑，所以把他倆槍殺，而檢查其身上結果，查出印有國民（政府）軍東三省司令凌印清之名字的信紙，因而懷疑其爲國民黨員，並判斷爆炸列車亦係這班人所幹。

上述者乃出自警察、憲兵隊的特務機關等的情報，爾後，根據（關東）軍司令部的發表，衞兵之槍殺行蹤可疑的兩個中國人，是在四日凌晨三點到四點左右；由於報導不一，恐怕反而增加嫌疑，因此於五日上午九時，我把秦（眞次）特務機關長、河本（大作）參謀、三谷（清）奉天憲兵隊長、和田警察署長、當夜負責警備的東宮（鐵男）獨立守備防中隊長、嵯峨少校，目睹現場的警察特務員，及和其他有關人員請來總領事館，召開會議，就爆炸事件令其統一日方的發表，俾能自圓其說。

在這個會議席上，軍方各有關機關的態度並沒有一致，加以事變當時，在離開交叉點大約兩百公尺之監視所的東宮上尉的說明，跟嵯峨少校的說明有矛盾，尤其是東宮上尉於爆炸瞬間身居監視所，爾後一直到張作霖的警備兵下車散開射擊，他令其部下在監視所附近採取俯射姿勢，在這前後，不令其調查現場，實在可疑。惟因沒有其他任何證據，因此決定今後完全以軍司令部所發表的事實爲事實，並把槍殺那兩個中國人的時間，統一爲四日凌晨。

內田領事與交涉署日本課長共同進行調查，最後要撰寫共同報告時，日方以在交叉點附近並沒有其他任何證據，而且從被日方警備兵槍殺的那兩個人身上搜出的文件等來判斷，犯人很可能是國民黨派遣的便衣隊；但中國方面却鑑於被害列車祇被破壞其上面，車輛和京奉線鐵軌並沒被破壞，上空的滿鐵線被炸毀等事實，而認爲犯人很可能由滿鐵線進來，在這前後，附屬地方面一定給予某種方便，因此雖然不對內田明說，但却堅不肯在共同調查書上簽名和蓋章。

四號一整天，國內外許許多多的人，曾經前往交叉點現場去參觀，我於下午三點臨場檢查的時候，被破壞列車的中央幾個車廂曾被火燒，而且有的還正在燃燒着，滿鐵本線的橋樑臺的石牆崩潰，鐵橋傾覆，一千六百三十八公斤的鐵軌，像麥芽糖般地彎曲，在列車前方大約兩百公尺的地方，被切斷的數輛客車毀損在那裏。

根據爾後的情報，中國方面曾經派遣兵工廠雇用的外國籍工程師到現場去視察，該工程師回來報告說，所使用的炸藥可能是黃色火藥，藥量最少在兩百公斤以上。

發生這個事件以後，中國當局在實際上實行了奉天城內外的戒嚴，因而流言百出，人心惶惶，風聞將有什麼動亂。所以我便於五日，往訪省長劉尙清，探問大元帥的遭難，並說爲處理善後，應該早日安定人心。爲此，日方願意予以相當的協助，劉尙清對我表示謝意，但其臉色，却非常憂悶，不大喜歡開口。

出入有如在戒嚴狀態的奉天城時，日本人特別受到注意，以前能自由出入中國官廳的日人，現在都被拒絕。張作霖、吳俊陞兩將軍等的確實情形也不清楚，本館曾要求派日本醫師去探問大元帥，但却被委婉地拒絕，有人說兩將軍或許已身亡，也有人說還在人間，但吳俊陞年紀大，因此很可已經身死；五日發表吳俊陞的死亡，但張作霖的生死在日人社會還是不明，因此謠言愈來愈多，由於要預防萬一，日軍在附屬地和商埠地的境界設置大柵鐵網等等，而促使更大的不安，由之傳聞日本浪人在後方意圖攪亂。

我對警察署長說，這種時候浪人最會乘機活動，因而要其特別加強取締。和田署長爲人溫純，在這種非常時期更需要認眞，因此我特意提醒他；迨至六日，我才知道，和田於四日下午，根據凌印清和浪人的情報，有人說高級參謀河本上校與此事件似有關係，所以他遂到司令部，善意私下促其注意，結果發生了點誤解。由之五日上午在本館的會議以後，在飯廳和田被河本責問，秦少將出來調解，從此以後，和田便很苦悶，不大活動。因此我遂把和田叫來，並命令他說，像這種事你應該卽時向我報告，你對河本等旣然是善意的處置，自不必客氣什麼，所以你應當繼續取締浪人，同時努力於事件犯人等的搜索。

五號晚上，德國總領事館有餐會，各國領事都參加，美國總領事麥阿斯說，當天下午三點半，張學良坐飛機回到奉天。因此次晨，我通知警察和軍方面，以查明是否事實，但都說沒有這個事實。後來調查的結果是，張學良回到奉天，待了兩天以後又飛往灤州。當時，這種消息中國當局都不告訴日方，而由此我們更可以知道，中國當局對日方如何地警戒。

一般人所最關心的是，張作霖的健康情形，而中國方面卻祇發表說他正在療養中，日方雖然非常努力於查證，但始終弄不清楚事實。在另一方面，人心的不安愈來愈嚴重，居住城裏的日本人，一再地來要求保護，因此，本館警察負責人遂增派勤務城內的警察，與此同時，令日僑準備萬一時的避難工作。

八日上午，我往訪劉省長，向其要求維持治安，劉省長希望日方嚴格取締浪人，他的口吻，好像很清楚外面秘密地在廣爲流傳的浪人之陰謀的樣子。浪人的取締，第三革命當時在濟南已有前例，所以我命令和田署長要特別取締，但成績不佳；迨至八日晚上，城內的日人不斷地來說危險，因而令其集中避難到滿鐵公所等地方，九點鐘左右，鎌田所長來電話拚命說危險的不得了，甚至於跑來跟我說。

由於滿鐵公所與基督教青年會館相鄰，而後者又是中國青年的集會所，排日運動的根據地，因此雙方把電燈關掉，互相疑神暗鬼，膽小的鎌田所長，由之竟恐懼而泣哭。我以雖然有些越軌行動，但也祇限於商埠地，城內還是安全，來安慰他們。

降至九日，由於傳說浪人們攪亂後方的計劃已經成熟，因此我通知秦特務機關長，同時命令和田署長逮捕有嫌疑的浪人，但還沒開始行動之前，已經入夜了。迨至八點鐘左右，似乎從商埠的一角，響來轟然的爆炸聲音。相隔幾分鐘之後，又來第二次和第三次爆炸，警察和守備隊，隨時採取事先計劃好的非常時保護居留民的措施。

在這以前，由國內來的許多各報記者，以爲發生了他們所預料的事件，而東奔西走，其攝影記者尤其活躍，甚至於發生有人把鎂光的音響誤爲爆炸聲音的滑稽事。當天晚上，祇爆炸三次，稍微攪亂了人心而已，並沒有引起任何具體的騷動。而根據後來的調查，想乘集中軍隊時以攪亂後方的浪人們，因爲警察的取締太嚴格，而束手無策，才於九日晚間，在商埠地內行人稀少的小徑，沿着中國人房屋的磚牆裝設點火炸藥；這批浪人，有的當天晚上，有的則次晨搭火車逃到北方。外邊傳說，這個計劃受到軍方支持，眞是層出不窮。

十號早上，老友貴志（彌次郎）中將從國內到達，即時來看我。他曾經於一九一六年第三革命當時，在山東幫助居正、吳文洲等，以推翻袁世凱。他瞞着當時濟南領事的我，秘密地從事活動；他在車內聽到昨天晚上發生的事情，而斬釘截鐵地說，這樣淺薄的計劃怎會成功。我回顧現在已經變成預備役，做着公平論斷的此公的過去而不禁微笑。

四月下旬，我到任以後，由於到北京，關東軍的集中，張作霖列車的爆炸等等，我跟中國當局的接觸很少。我跟省長劉尙清的會談不過三、四次，也沒有常例的應酬招待等等，所以兩國當局之間的關係也並不圓滿。於是劉省長說，雖然很倉卒，但對於緩和緊張的空氣也有幫助，因此他想開個我到任的歡迎宴會。

這個宴會於十一日中午在行政公署舉行，日方主要的文武官員十多人應邀，中國方面則由劉省長和武官代表、留守參謀長臧式毅當主人，加上交涉署署員等等，一共三桌（中國菜），但主人的態度却有些慌張，劉省長似很厭倦，祗有臧參謀長一個人，有若毫無心事的禪僧跟我們應酬。

對於劉省長的歡迎辭，我就日本與滿洲的歷史關係說，滿洲之有今日的發展，日本確盡了不少力，在政治經濟上，日本與滿洲具有不可分割的關係，這種關係（權益），不容任何人破壞。中日兩國，應該協力圖謀滿洲的發展，以實現東洋的和平，不可背道而馳。我這個答辭，好像給中國方面很大的衝擊，露透通訊社所發出的電報，似把我當做强硬政策的主張者。

從九號到十號左右，巷間傳聞張作霖已經絕命；張作霖的日語秘書陶尚銘一向與奉天總領事館，尤其是軍方有來往，他並努力於中日兩國人的聯絡。惟自四日的事變以後，陶尚銘以及其他親日派官員雖然可以到大元帥府，但却不許進入張公館內部，因而無從知悉張作霖的生死；他說，八號在張公館門前聞到燒香的味道，目見女人穿着孝衣，才知道張作霖的死亡。自此以後，張作霖的過世便逐漸爲一般人所知曉，十七日，其長子張學良回到奉天，準備發喪，二十一日，正式發表張作霖的死亡，從七月五日，舉行三天的葬禮。（譯註一）

自六月四日張作霖被炸死以後，中國方面所採取的態度非常消極，尤其懼怕跟日本發生衝突，由之完全改變一九二七年後半段以還的排日態度；是即去年秋天，在奉天城內，日本人悄悄走馬路傍邊，以躲開中國人的情況；在今日，中國官民却敬而遠之日本人。

後來據說，張作霖被炸死，張學良於五日搭乘飛機回到奉天的時候，張作霖麾下的大官們曾經聚首一堂，討論善後對策，這時大都認爲這是日本人幹的，因而有人主張應該提出抗議，有人主張與南方合作，議論紛紛，莫衷一是。此時，一直保持沉默的前吉林省長王樹翰，眼看這種混亂情況終於開口說：「你們有沒有說這是日本人幹的證據？如果沒有，就不要再講了。而就是有證據，對日本又能如何呢？能戰最好，如果不能戰，要以什麼來說這是證據？講證據又有什麼用？何況這是日本人的計劃；要之，問題不在對外，而在統一內部。」大家聽完這番話後，遂住嘴，並採納王樹翰的意見，沒再追究事變的眞相，決定等到張學良把在灤州的第三、四方面軍大致整理完畢，回到奉天以後再作決定。（譯註二）

（譯註一）日本筑波大學教授臼井勝美說，張作霖的出葬是六月二十四日。

（譯註二）原作者林久治郎是於一九二八年三月就任奉天總領事，是張作霖被炸死時對日本在東北外交方面的負責人。

張作霖的被暗殺

森島守人

一

一九二六年夏天，從廣東出發的蔣介石麾下的北伐軍，迨至翌年的春天便席捲長江一帶，甚至於有控制山東之勢，惟因內爭，北伐的壯舉遂不得不暫時停止。

不以國民黨勢力北進為然的張作霖，遂進軍京津，自任安國軍總司令，其勢力範圍且達長江江畔。張作霖以與北伐軍交戰為不利，而一時後退，但眼看北伐軍停脚，便又南下，同年六月，他更自稱陸海軍大元帥，並以東北、華北和山東一帶為其地盤。

一九二八年春季，國民革命軍再度北伐，五月底迫近京津地方；此時，田中（義一）內閣以北伐軍的推進必然會影響東北的治安，而採取不能默視東北軍的殘兵由京津方面逃回東北的態度。

軍部的一部份人士，以張作霖具有排日的傾向，而強硬主張跟張作霖絕緣，並規勸其下野；但把對滿蒙政策的實行完全寄托於張作霖身上的田中首相，却爲了延續他的政治生命，而强硬慫恿他回東北，並對張作霖和國民政府發出「……如果戰亂進展到京津地方，禍亂將波及滿洲的時候，爲維持滿洲的治安，日本將不得不採取適切而有效的措施」的覺書。

對這個覺書，張作霖予以這樣的回答：「關於日本將採取機宜的措施一項，斷非中國政府所能承認。東北和京津地方既爲中國領土，以上述自屬中國主權事項，決不能默視。」但目睹四圍的情勢日趨惡化的張作霖，却不得不「乖乖地」聽從規勸，因而命令全軍退却；他自己且於六月三日深夜，從北京動身，往東北出發，翌日拂曉，在奉天郊外，京奉、滿鐵兩線的交叉地點，其所搭乘的火車被爆炸，而突然與世長辭。

得悉東北軍後退消息的關東軍，不待中央的命令，遂獨自決定要出動錦州方面。惟這項決定，旋被所謂奉勅命令所阻止，但發生火車爆炸事件以後，關東軍便出動奉天方面。如果那時眞的出動了錦州，我認爲九一八事變的爆發自不必等到一九三一年。

二

張作霖被炸死以後的六月四、五日兩天，中日兩國進行了共同調查，但不得其眞相，迨至六月十二日，日本陸軍省發表大約如下的聲明：

「當張作霖要回到奉天的時候，中國當局曾經於六月三日，要求派遣憲兵警戒京奉、滿鐵兩線的交叉點。日本守備隊答應了它，但拒絕中國派憲兵於滿鐵線上，而由日軍警戒陸橋上。四日上午三時左右，有三個行踪可疑的中國人，偷偷地想爬上滿鐵線鐵路堤。因之問其要幹什麼，但他們却要投擲炸彈，於是日兵當場刺殺其中兩個人，另外一個人則逃掉。從屍體搜出兩顆炸彈和三封信，其中一封信是國民軍關東招撫使書信的斷片，由此當可斷定他們是南方的便衣隊員，四日凌晨，在日本警戒兵的監視中，京奉線的東行列軍到達交叉點時，發生大爆炸，黑煙和砂塵，飛揚上空。」

事件發生當時，中國報紙和英文報都說，事件背後有日本陸軍策劃，但日本國內和東北現地，却都沒人承認這是日本人幹的。可是，隨著時日的經過，外邊便有關東軍可疑的謠傳，而根據日後所證實，兩個中國人被刺，和一個人逃逸雖然是事實，但說他們是國民黨的便衣隊，完全是虛構。

是即爆炸事件的前後，關東軍的鷹犬，不知道從什麼地方找了三個吃鴉片的無業游民，並帶到居住奉天滿鐵附屬地的浪人安達隆成處（此人於一九三二年一月，日軍進攻錦州的時候，跟大阪每日新聞社的茅野特派員，先日軍插足錦州，而與茅野同被殺死）。這三個游民在附屬地內日人所經營的澡堂洗澡後，換上新衣服，於凌晨出門，其中兩個人則在爆炸火車的現場被刺殺，一個人逃跑，倖免於難。

根據當時任吉林省長，因交涉鐵路問題等等，而於公於私皆與日方有許多接觸的劉哲對森岡正平領事所說的話，倖免於難的這個人，跑到張學良那裏去，說明了事情的經過，因此張學良當然知道乃父之死於非命，是日本人幹的。惟從父仇不共戴天這種東方道德的觀念，如果張學良自己說出日本人殺了他父親，他便無法再與日方接觸，所以纔一直保持緘默。

在中國，有常用鴉片、海洛英、嗎啡的惡習，中毒者都不管什麼面子，死要麻醉藥，因此我們在中國工作的時候，便利用中毒者急需金錢的弱點，要他們去做搜集情報的工作，而上述三個游民，自是最好的例子。

我知道爆炸的眞相，不僅得自中國方面。在滿鐵陸橋下裝上炸藥的是當時出動奉天的朝鮮軍工兵隊的一部份，而按爆炸電鈕的爲日後被在滿日人譽爲「北滿移民之父」的故東宮（鐵男）上校（當年爲奉天獨立守備隊上尉隊附），陰謀的幕後人是關東軍高級參謀河本大作上校，凡此，都是東宮親自告訴我的。

跟張作霖同車的顧問嵯峨誠也少校（華北事變發生後，以少將階級做冀東防共自治政府顧問，在唐山時病死），負傷跳下火車，町野（武馬）顧問因爲在天津下了車，所以有人猜測這是關東軍幹的，但由嵯峨完全不知道事實看來，關東軍中參與爆炸的人員，可能祇有兩三人而已。

當時，張作霖的現任顧問是土肥原賢二上校和嵯峨，惟土肥原的性格是陰險的，因此被敬而遠之，反之嵯峨爲人明朗，所以遂集東三省官場的信賴於一身；而中國方面的信賴愈深，關東軍參謀們對他的風評則愈壞，因此關東軍便認爲，爲國家前途，犧牲一個嵯峨來爆炸列車也是無可奈何的事。是以從在東北時代，我就跟嵯峨很要好，迨至一九三七年發生華北事變，在唐山見面時，我問他爾後軍部對他怎麼樣，他苦笑答說，最近纔不太挨罵，疑惑似也消除了。

爆炸計畫者的意圖是，似不祇要殺死張作霖，除此而外，他們還想乘爆炸列車，張作霖死亡，治安混亂時出兵，以導引大規模的武力衝突，從而以武力一舉解決滿洲問題。繼爆炸列車之後，奉天城內日本僑會等數處被投擲炸彈，這些都是爲製造出兵的口實，而由陸軍的鷹犬所幹的。

關東軍司令部設在旅順，滿鐵沿線各地皆配置守備隊，但平時不許隨便出動到關東州外和附屬地外；要出動附屬地外，除非突發緊急事件，平時必須由關東廳長官向軍司令官要求出兵，而在滿鐵沿線各地，則由領事請求出兵。

連續發生列車爆炸，日本僑會被投擲炸彈等事件之後，軍方便拼命用電話問總領事館：需要不需要出兵？祗用警察能不能維護治安？但總領事館却非常沉着冷靜，以警察維護附屬地內的治安，和保護僑民，而不爲想出兵的一部份參謀的策動所惑。我認爲，一九三一年以柳條溝的鐵路被炸毀爲口實，不待總領事館請求出兵，關東軍獨自採取行動，不外乎是爲了要避免炸死張作霖那個時候的失敗。

三

張作霖被炸死事件，以後仍然是團疑惑，而成爲迷宮裡的一個謎。翌（一九二九）年一月，在國會，民政黨以永井（柳太郎）、中野（正剛）議員爲前鋒，以應該消除因爲某重大事件日本所蒙受的疑惑，而不遺餘力地追究內閣的責任，但田中首相却從頭到尾以調查中作答。事實上，田中一直以爲這個事件與日軍沒有關係，因此遂對日皇上奏說，日軍跟它毫無關係，萬一有關係，將付諸軍法會議，予以嚴重的處罰。

可是，這個應該是絕對機密的陰謀眞相，却因爲爆炸當事人作夢也沒想到的小事而成爲社會的風聞。是即爆炸當日的早晨，前述的澡堂老板爲了好奇，曾跑到現場去看，結果他發現前一天晚上在他澡堂洗澡的兩個中國人，穿着新衣服被刺死倒在那裡，於是他便向附屬地內的關東廳警察詳細報告了它的經過

如果這個人到憲兵隊去報告的話，因爲當時的隊長三谷清少校跟關東軍的關係很深，因此這個報告很可能被東諸高閣，更不可能報到中央去。惟因他報告了屬於拓務省的關東廳警察（在制度上，他們兼任總領事館的警察），所以不折不扣地被轉報到東京，隨之在東京和滿洲成爲話題。

當時的奉天特務機關長秦眞次少將（後來出任憲兵司令官），得悉澡堂老板的話被報告到中央以後，曾經大罵警察「不當地予軍方以嫌疑」；但根據與關東軍出動的同時，出差奉天之關東廳的三浦義秋外事課長（日後出任墨西哥公使）的說法，當他知道秦眞次爲此生氣時，他便直覺爆炸事件跟軍方有關係。

由於對軍方的謠言日多，加以田中首相上奏過日皇，所以特別遣派憲兵司令官峯（幸

松）少將前往現地，從事調查，而在到達奉天之前，峯少將在朝鮮便獲得了朝鮮工兵隊之裝設炸藥等一連串的證據。

本來，田中首相是想照其向日皇所奏，要把當時者付諸軍法會議，澈底調查和處罰的；惟因陸軍內部以如果召開軍法會議，便將公開事件的內容，而這將在國際上毀損日軍和日本的信譽，因此强硬反對。加以田中自己所領導的政友會幹部也很支持軍方的意見，所以田中遂陷於進退兩難的困境，由之不得不向日皇上奏改爲行政處分，日皇眼看田中的善變，非常生氣，一句話也沒說，田中以失信於日皇，終於翌（一九二九）年七月，提出內閣的總辭職。

據說，田中得悉張作霖被炸死的消息時，曾經對其親信嘆息說一切都完了，由此可見以根本解決滿蒙問題爲其終生事業，因此甚至於放棄前途似錦的現役，棲身政友會之田中首相的心情。與此同時，以張作霖在東三省的地位和實力爲本錢，意圖革新滿蒙政策的田中內閣，在還沒有實現其政策的一端之前，竟因陸軍之殺死張作霖而垮臺，不能不說是歷史的諷刺。又，張作霖於大正初年（大正元年適値民國元年——譯者），爲歡迎要前往莫斯科的閑院宮（載仁）來奉天，到滿鐵奉天車站，在其歸途中，遭遇到日本浪人投擲炸彈，倖免喪命，這次竟又遭以同樣手法，橫死於日本人之手，眞是奇怪的命運。

四

張作霖死亡後，其生死很久不明，這是深怕引起東三省的動搖和混亂，省長臧式毅所採取的措施，迨至爆炸事件經過兩個多星期的六月二十一日，纔正式發喪。其公子張學良就任東三省保安總司令，而張學良所面臨的東三省內外的政局，則非常錯綜複雜。

乃父的莫逆張作相蟠居着吉林省，日後出任滿州國宮內府大臣的熙洽，就是張作相的參謀長。在哈爾濱當北滿特別區長官的張景惠，跟張作霖和張作相都是綠林出身，因而在北滿一帶擁有根深蒂固的勢力，日後他繼鄭孝胥擔任滿洲國國務總理，是衆所周知的。

在奉天，張大元帥的最親信、而且是他參謀長的楊宇霆，對年青的張學良，實有如監護人和師傅的存在。年齡還不到三十，在外國人之間被稱爲少帥的張學良，似依這些舊要人相互之間的勢力均衡，和先父的威望，以保持他的地位。

但高個子，瘦瘦地，臉上蒼白，留大「背」頭，穿着整潔，宛如貴公子的張學良，却不是一個平庸的貴公子。從十九歲以後，他屢次馳驅於槍林彈雨之中，有膽量，頭腦淸楚，見識高，是個就是沒有先父的遺德，也自己會成龍的才俊。他跟日人折衝，則以柔軟的舉措、恭敬的態度，和愼重的表達方法處之，決不給對方以不利的言詞。

生活於高爾夫、網球、跳舞等新風氣之中，更能來兩下英語的新人的上臺，曾經予奉天官場的風氣以很大的影響。跟不理解新思想，因而討厭國民黨和三民主義的先父張作霖不同，張學良却能理解與同情。不久，張學良之所以與南京政府妥協，絕不僅是爲了保持他自己的地位，而是他對國民黨的理解，和他熱心於反帝國主義運動與恢復國權運動的結果。因此，在對日關係也就有很大的變化，而比諸乃父時代，我認爲有以下的不同：

第一，張作霖是個自俄日戰爭以後，對日本覺得有恩義，也很瞭解日本的眞正實力的人；反之，由於張學良對對日關係缺少經驗，因而大有輕視對日關係的傾向。九一八事變以後，其所以失去東三省的地盤，就是由於這種原因。

第二，因爲思想上的關係，張學良敬遠乃父時代的舊要人，並起用與其同思想傾向的新人，因此大有助長對日關係不必要的惡化之嫌。而槍殺楊宇霆便是一最好的例子。

第三，在張作霖時代，所謂排日和抗日，還是屬於偶發的和片斷的範圍，並沒有思想的背景和組織的體系；可是張學良時代的排日和抗日，已非個別事件的反覆或連續，而是在一貫的思想背景之下，根據一貫的方針的組織形態。

綜上所述，張學良時代的對日態度是：由排日事件轉變爲對日攻勢，甚而以要根本地剷除日本在滿蒙的地位爲目標。而滿鐵併行線的建設，築港葫蘆島以包圍滿鐵的政策，以及要收回旅大等等，就是它具體的表現。

張學良的日語秘書有陶尙銘和慶應大學出身的王家楨兩個人，陶尙銘在大體上擔任應酬方面的事，政治問題主要則由王家楨出面，張學良尤其重用王家楨。爾後王家楨出任了南京政府的外交部政務次長，更以中國代表身分出席國際聯合會會議，由此我們當可知道，張學良是想依靠南京政府來阻止日本揷足滿蒙的。

（譯註一）文中人名，名字部份有括弧者，是譯者加上去的，目的在避免張冠李戴。

（譯註二）原作者森島守人，一八九六年出生於日本石川縣，東京大學畢業，曾以代理奉天總領事、哈爾濱總領事身分，處理九一八事變，戰後當選過三次衆議院議員（社會黨）。

（譯註三）本文譯自森島的回憶錄「陰謀、暗殺、軍刀」一書。

張作霖被炸死事件

森　正　藏

一

天亮前的大陸空氣，雖是初夏仍然很冷。但盛裝的人，却逐漸向天還不亮的瀋陽車站走去。當太陽開始照着車站的時候，日本領事館館員和軍人，已經露面於奉天派要人之間了。隨張作霖到達時間的接近，歡迎者愈來愈多，而在那裏維持秩序的憲警，則手上都拿着手槍。

「快到了。」

正當人聲嘈雜起來時，突然發生轟隆的爆炸聲音，隨著響來亂放的槍聲。大元帥張作霖的專車被爆炸了。這是一九二八年六月四日，凌晨五時三十分的事情。

經過五個小時以後，日本陸軍省接到這項報告，跑陸軍省消息的各報記者，爲趕快要把這個天大的消息刋於晚報，爭先恐後地打着電話。

「陸軍省得電（六月四日上午十時三十分）：在瀋陽車站和奉天車站中間的交叉地點，有人向張作霖所乘列車投擲炸彈。因此，張作霖和吳俊陞負輕傷，有幾個死傷，衛隊即時狙擊便衣隊。我軍與中國軍之間沒有發生任何衝突。」

由於當時普遍地認爲，滿蒙問題攸關日本國民的死活，所以張作霖的生死，遂爲中日兩國國民所特別關心。各報在瀋陽的分社，爲爭取時間，競相拍發如下的專電，但其內容都不十分可靠。

「張作霖碰傷鼻子，腦震盪，一時陷於神志昏迷的狀態，但馬上恢復健康，由他在身邊的吳俊陞護送到在其城裏的公館。」

翌日，聯合通訊社的消息說，張作霖幾近危篤，中國報紙和在北京的英國報紙都報導說，這個事件的背後有日本的策劃。瀋陽市實施戒嚴，城內與城外斷絕交通，滿鐵附屬地由日本駐軍和警察警戒得水洩不通。

這時，每日新聞社瀋陽專電對於滿鐵分社的談話，曾經做過這樣的報導：

「由於這似乎是南軍便衣隊，意圖製造日軍與張作霖的紛爭所計劃的，所以，或會產生對日軍不利的捏造之說。平常日軍非常嚴格警戒這個地點，惟不知什麼原因這時警戒比較鬆儸，便衣隊遂利用這個機會動其巧妙的腦筋。」

東三省的帝王，大元帥張作霖的生死如何？各報館和通訊社都想盡辦法欲得其眞相。但張公館的大門，却有如鐵壁銅墻，終於無法得悉；迨至兩個星期後的六月十九日，張作霖的長子張學良就任奉天省督辦代理，纔電報張作霖的死亡。六月二十一日，正式發喪。

換句話說，六月四日上午五時，爆炸時因爲撞到胸部，出血過多，張作霖便於當天上午十時，結束了其五十四年之坎坷的一生。

張作霖的祖先，是道光初年，大饑饉的時候由直隸省河間府逃出來的災民，經由山海關，進奉天省海城縣家掌寺村爲貧農。張作霖的父親討厭種田，熱中於賭博。

張作霖排行老二，十六歲時到鄰村圓河堡的鄉下旅舍當學徒，旋卽與賭徒爲伍。二十歲時爲騎兵大隊長趙得勝的勤務兵，這時變認眞，後來竟棲身綠林，成爲遼西土匪大頭子董大虎的手下，團匪事件前後，他便擁有二十多名的部下。他的第一夫人趙氏，是此時他掠奪新民府下趙家的千金，而張學良就是他跟這個趙小姐生的兒子。

這時候張作霖的「弟兄」還有張作相（吉林省督辦）和張景惠（日後所謂滿洲國的國務總理），實在值得我們一提。惟於一九〇三年，張作霖有所感，而告別了其綠林生活，並將其兩百名的部下，編成一個騎兵中隊，自任隊長。自此以後，他一帆風順，由第二十七師師長而陸軍中將、奉天督軍兼奉天省長、東三省巡閱使、蒙疆經略使，一九二七年就任「中國陸海軍大元帥」，對北自黑龍江，南至長江的廣大土地，發號施令。

一代的風雲人物張作霖，白面瘦身，身高五尺二寸，果斷而剛愎，篤情誼，能容人。

正當此時，蔣總司令誓師北伐，已擊潰佔據華南和華中的軍閥。於一九二七年三月，發表第二次北伐聲明；四月，揮軍北上，發動總攻擊。至此，張作霖為統帥的軍隊和中央軍，遂在朔北、黃河流域、直隸和山東的廣泛地區，勢非決戰不可。而呼應中央軍之馮玉祥、閻錫山和李宗仁的各集團軍，且迫近北方，迨至五月下旬，更進入半圓形地包圍北京和天津的態勢。

於是張作霖遂命令其麾下全軍總退却，他本身則於六月三日午間零時五十五分，乘坐從北京開往瀋陽專車。在農曆十五日夜晚，月光射入專車中央，揷著大元帥錦旗，穿着大元帥服，張作霖對這次被迫要離開北京，一定是感慨萬千。對於一年來閒雅的北京氣氛，他實在依依不捨，對於繁忙但却多采多姿的生活，他當是想念不已。

張作霖所搭乘的專車，一共有三十輛，他坐的是第八個車廂。吳俊陞坐在他旁邊，再過來是軍事顧問嵯峨誠也少校。

對於上述爆炸的情形，事後嵯峨少校（以後中將，死於北平）曾經對新聞記者說：

「吳俊陞對張作霖和我說，有點冷穿穿大衣吧，張作霖站起來準備穿大衣的時候，因轟隆的爆炸聲音，張作霖被震倒，我的右脚受了傷。」

炸藥大概裝設得很得要領，因此與爆炸的同時，前面六輛車廂跑了大約兩百尺纔翻車，第七、八、九輛車廂被震走，第八輛後半部失火，因之張作霖滿身是血。

二

不學無術的張作霖之能爬上大元帥寶座，固然是由於他卓越的天資，但如郭松齡叛亂時所示，關東軍之明中暗中幫助他也是一個很重要的因素。在其壯年時期，全面地依靠日本，以確立其在東三省之地盤的張作霖，及至其晚年，竟敢採漢民族獨特的所謂以夷制夷，遠交近攻的政策，依附美英國家，鋪修與滿鐵併行的鐵路，這對於主張滿蒙之特殊化的日本陸軍來講，眞是痛心至極。

受日本栽培的張作霖，長得太大了，他旣擁有以美英爲後臺的十五萬兵力，並且爲了與南方主張恢復國權的勢力抗衡，開始無視和壓迫日本的商租權和自由居留滿蒙的權利。由之，滿洲各地的排日示威遂不斷發生。蔣介石的北伐軍迫近北京、天津的一九二八年五月十八日，爲了阻止禍亂波及滿洲、日本政府乃令芳澤公使和矢田上海總領事，分頭向張作霖和國民政府提出如左的覺書：

「維持滿洲的治安，乃爲（日本）帝國所最重視者，因此將形成擾亂該地方治安之原因的事態發生，帝國政府將極力予以阻止，所以戰亂如果進展到京津一帶，其禍亂將波及滿洲的時候，爲維持滿洲的治安，帝國政府或將不得不採取適當而有效的措施。」

五月二十五日，張作霖對芳澤回答說：

「動亂及於京津一帶，並將予滿洲的影響的時候，日本將採取機宜的措施一節，斷非中國政府所能承認。滿洲和京津既爲中國領土，這當屬於中國主權的事宜，自不得不聲明不能默認。無論該地方受到任何影響與否，對於外僑的安全，中國政府將充分負起其責任，但鑑於濟南事件的發生，切望日本政府不要再違反國際慣例，並保持日華固有親睦。」

南京（國民）政府的答覆，其意思也大同小異，是就日本對維持滿洲的治安，將採取適當的措施提出抗議的。

關東軍無視這個抗議，並將其主力移駐奉天，準備迎擊將踏進山海關以東之地的中國武裝部隊。

當時，盛行要用實力來擊潰欲阻止日本大陸政策者的強硬論，而且在關東軍內部也有許多人主張打倒張作霖，譬如關東軍司令部高級參謀河本上校，就在大連大和旅館對他的朋友這樣說過：「對於日本實現滿蒙政策，最大的眼中釘就是張作霖。祗要把他幹掉，要懷柔小孩子（張）學良不會有什麼困難。」

從張作霖遭難當天上午十時，在日本內田領事會同下，中日雙方於肇事地點開始進行共同調查，五號又繼續，結果祗知道：在鐵橋中間裝上兩顆炸彈予以爆炸的，至於誰是兇手，還不清楚。可是雖然沒有具體的證據，中國報紙和「華北日報」（The North China Daily News）卻都報導說，炸死張作霖事件背後有日本人；對此日方又沒有能夠否定它的證據，因此炸死張作霖的疑問號遂日趨擴大。就這個問題，集世界輿論之注目於一身的日本陸軍省，於發生事件一星期後的六月十二日，曾經發表如下的聲明：

「京奉線與滿鐵線的交叉點，是由於京奉線通過滿鐵線下面，因此滿鐵線的陸橋下應該算是滿鐵線的一份部，所以中國軍隊和警察是不能派駐這個地點的。惟因這次張作霖要同奉天，中國當局便於六月三日，要求擬在上述地點配置中國憲兵，以為警戒，日本守備隊鑑於目前情勢，認為中國當局的這種要求並無不當，經過與各方面協商結果，同意接受中方的要求，於是中方遂在從皇姑屯到瀋陽車站一英里之間的京奉線鐵軌上配置五十名騎兵和憲兵。在那交叉點，金中尉以外更配置了幾個憲兵，從三日上午八時左右開始警戒。中方雖然希望在陸橋上，亦即滿鐵線軌道上也能配置憲兵，但日方未予同意，所以陸橋上由日本守備隊（當日特配軍官，增加人員），陸橋下亦即京奉線則由中國憲兵分別擔任警戒。日方警戒兵位於南方二百公尺的分遣所，日間，由配置分遣所展望臺的步哨警戒和監視陸橋上；由於中日兩國士兵非常接近，為避免雙方的衝突，中方特別要求日方派遣認識中國憲兵的日本憲兵，因而日軍遂派出三個憲兵，專門往來於中日雙方部隊之間，從事聯絡工作。四日凌晨三時左右，目睹可疑的三個中國人欲爬上滿鐵線路堤的日方監視兵，遂走近問是誰，可是那些中國人卻想向日兵投擲炸彈，所以日兵便即時刺殺其中的兩個人，另外一個人逃逸。日兵搜查中國人屍體結果，發現兩顆炸彈和三封信。其中兩封信雖然是私信，但一封是國民軍關東招撫使書信的斷片，由此以觀，其為南方便衣隊無疑。四日拂曉，日方警戒兵歸還晝間的配置，從展望臺正在監視時，京奉線東行列車開到交叉點的時候，與很大爆炸聲音的同時，在陸橋附近掀起很高的黑烟和砂塵，旋卽中國士兵亂射步鎗和機鎗，其子彈且打到日方監視所，非常危險，因而日兵準備依附掩體，以便應戰，惟不明情況而未應射，在注視形勢中，中國士兵停止射擊，至此纔明白情況。關於爆炸的狀態，正在現地嚴密調查中，到目前爲止所知道的是，滿鐵上行下行兩線的張間（橋脚與橋脚之間—作者）被炸飛，橋脚上面部份被破壞，張作霖專用的貴賓和餐車的上層部份似也被炸毁，從其破壞情形來判斷，其所用爆炸藥量相當大，這一定不是投擲的，而很可能在張間下面或橋脚下附近裝置的炸藥。又，當時，張作霖專車的開車和到達時間都極機密，無從得知，不特此，張作霖的特別列車，乃由前後各有衞車的三個列車所構成，而且，在這前後，又有四十幾個列車的通行，因此，日方以爲在三號夜間，張作霖的列車已經通過。」

但是，上述陸軍省的發表，並未能消除中國和外國的嫌疑，所以張學良一繼承乃父的衣鉢便急速地改變其態度，欲接近南京的國民政府，東三省的五色旗，勢將變成青天白日滿地紅的旗子。

爾後，關於張作霖被炸死的眞正原因，並沒有發現新的事實，而祇於該年七月一日，突然發表一向主張打倒張作霖的關東軍高級參謀河本大作上校的停職（一九三〇年七月被編爲預備役）。

三

一九二八年就這樣過去，翌年一月，第五十六屆國會於二十二日召開，田中義一首相兼外相，繼其施政方針之後，以外相身份說明其外交方針，就滿蒙問題曾經大聲疾呼說：

「關於滿洲，由於該地方是與日本接壤的地帶，因此在國防上和政治上不僅具有重大的關係，而且日本對於帝俄的侵略，曾傾其國運，以恢復該地方的自由，所以日本國民對該地方的感情，當然與中國其他地方的感情不同。並且，現在有一百多萬的（日本）帝國臣民住在這個地方，實擁有許多許多重大的權益。

因此，對於滿漢的種種，日本國民當然非常注意；而帝國政府之尊重中國對滿洲的領土主權自不待言，與此同時渴望徹底確保開放門戶和機會均等的主旨，俾使其應爲內外人安居之地，所以，對於將擾亂此地的靜謐，和危害日本重大權益之局勢的發生，（我們）實具有排除它的決心。」

對這，民政黨議員永井柳太郎曾不遺餘力地質問說：「關於某重大事件，外邊有毀損我光輝的陸軍名譽的傳說，但經過半載的今日，還不能做足以洗刷其汚辱的調查，不祇是妄自放棄既得權利的行爲，簡直是政府當局的怠慢和無能，尤其是關東廳長官、關東軍司令官、在滿憲兵隊司令官，和管轄這些的陸相等的責任如何？」

田中首相答：「在奉天發生的問題，正在愼重調查中，我祇能這樣奉答。」

此時，從民政黨議員座位，對首相響來「留級、留級」（不及格—譯者）的罵聲。

在民政黨內部，森田等人認爲永柳的演說太軟弱，而主張採取暴露主義，擬利用這個事件，澈底予田中內閣以致命的打擊。

因而於一月二十五日的衆議院預算大會，民政黨健將中野正剛便上臺質詢。

中野：「中國和列國，似在誤解日本政府與某重大事件有關係，爲消除這種誤解，政府曾做過怎樣的努力？」

田中：「我祇能奉答說正在調查中。」

中野：「我們飽受世界輿論的攻擊，而不設法消彌這個疑惑，是什麼意思？我方曾把警備區域暫時交給中方，是否事實？」

田中：「似爲事實。」

中野：「把我監督下的警備區域交給其他國家，實在太不應該。我認爲這對田中首相有重大責任。」

田中：「我沒有責任。」

中野：「這是政府與外派官憲商量後交付行政權的，所以不能說首相沒有責任。」

田中：「警備區城的交付，是採取合理手段而行的，乃是外派軍部的責任，我不能負這種責任。」

中野正剛的追擊，於預算大會第二天的二十六日也繼續，但田中首相始終以不知道，不清楚，調查中爲答，以暴露其滿身創痍的慘狀，由此田中內閣於該年初夏崩潰，田中上將本身亦於同年九月與世長辭。

日後來到滿洲的李頓爵士曾說：「殺死張作霖的責任，至今不能確定，這個慘案仍朦在神秘的鼓裏，但在當時已有日本曾共謀這個事件的嫌疑，而成爲已經緊張的中日關係更加緊張的原因。」

四

若是，究竟是誰殺死了張作霖呢？從一九二八年六月四日的爆炸，至今雖然已經十七寒暑，但仍然還是個謎；是卽炸死張作霖的元凶，其責任者乃是關東軍高級參謀河本大作上校。

河本上校認爲，祇要把無視與日本多年來的關係，而準備靠攏美英的張作霖幹掉，日本滿蒙政策的推行便可以上軌道，因此自告奮勇地出來擔當暗殺張作霖的凶手，虎視眈眈其機會。

此時，河本上校終於遇到被北伐軍追趕的張作霖，要回到奉天的良機。於是河本上校遂配置其優秀的部下於滿鐵、京奉兩線的交叉地點，在滿鐵陸橋下裝設精巧而强有力的炸藥，通上電流，乘張作霖所搭乘貴賓車通過的瞬間，一按電鈕，而達到了他的目的。

至於似爲南方便衣隊員之可疑的中國人，當然是關東軍所要的顯而易見的把戲。

負全部責任而退出軍籍的河本上校，跟甘粕（正彥）滿映（滿洲電影公司的簡稱——譯者）理事長（譯註一），是僞滿洲國政界的幕後人。

在二次大戰快要結束的僞滿洲國，河本大作被公認爲是總務長官（譯註二）的候選人之一，是以河本上校的心理，實佩帶着「目不見的金鵄勳章」。（譯註三）

（譯註一）在日本現代史上，甘粕正彥於一九二三年東京大地震，以麴町憲兵分隊長身份殺死無政府主義者大杉榮而馳名。由此他被判處十年有期徒刑，出獄後在法國居留，並於一九二九年前往滿洲。九一八事變時，他參加關東軍的謀略，成立僞滿洲國以後出任「民政部警務司長。」

（譯註二）在日本，總務主官的地位僅次於其首長，所以僞滿的總務長官就是國務長官，就是國務院的秘書長，亦卽僞滿實際上的統治人。

（譯註三）炸死張作霖的元凶之爲河本大作，是遠東國際軍事法庭的作證纔正式公開，但本書的作者則早已於一九四五年十一月，初出版「旋風二十年」時就寫出這個事實。這可能是日人最早公開暴露這個眞相的文章。又，上述遠東國際軍事法庭的開庭是一九四六年五月三日。原作者森正藏是日本的老牌記者，曾任每日新聞社社會部長，「旋風二十年」寫於其社會部長任內，一九五三年一月去世，時任每日新聞社論說委員長。「旋風二十年」是戰後日本最早的暢銷書。此文就是譯自「旋風二十年」。

滿洲某重大事件

原田熊雄

一

世上盛傳的滿洲某重大事件，張作霖從北京要回到奉天途中發生爆炸，報紙報導這個事件的當天，西園寺公望公爵（以下簡稱公爵）對我說：

「實在很可疑，這雖然對外不能講，但我想元兇很可能是日本陸軍。」

經過一段時間後，田中（義一）首相悄悄訪公爵說「（兇手）好像是日本軍人」，於是公爵遂對田中首相勸告說：

「如果確定是日本軍人，應該予以斷然的處罰，以維持我軍的綱紀。無論是為了日本陸軍的信用，和國家的面子，惟有堂堂正正地予以處罰，這縱令一時地會令中國憤怒，日本纔能維護國際上的信用。惟有這樣，才能夠挽回日本陸軍過去的不信譽。如果知道日本陸軍對於紊亂綱紀要予以這樣嚴格的處罰，亦即如果能令中國知道過去日本陸軍雖在中國和滿洲有過不信譽的行爲，但今日局勢不同，它已經在嚴格的軍紀管制下的話，長遠地看，將能轉變中國（對日本陸軍）的觀感。同時，對國內能令國人清楚田中首相是軍部出身，所以能够控制軍部，政友會是強有力的政黨，因此纔有這種魄力，這無論對政黨和田中本身，以能維持國軍良好的綱紀而將有非常好的影響。所以你要大膽地去做，而且調查結果一知道爲日本軍人所幹，就卽時予以處罰。」

惟田中首相以近日將舉行卽位大典，田中內閣漸獲聲望，國會也行將召開，因而對公爵模稜兩可地答說：「大典完了再說吧」，但公爵還是力勸他說：「你應該卽時去報告陛下。」

當時，對於這個事件，政友會的大部份幹部，都主張說如果眞的是日本軍人幹的，就把它隱藏起來；主要閣員更對田中首相建議說：

「絕不能處罰。如果因爲處罰而使人家知悉日本軍人所幹的，那麼就等於陛下的軍人幹了這種事，而假若這個事實爲外國人所得悉，則無異丢了陛下的臉，如是陛下自沒有臉跟各國大公使見面。所以西園寺公爵的意見是錯誤的。」

惟公爵一再地催促田中首相，因此他遂不得不朝見日皇向其報告說：

「關於爆炸張作霖事件，我帝國陸軍軍人中好像有幾個元兇的嫌疑，目前正令陸軍大臣調查中，調查後，將由陸軍大臣做詳細的報告。」

爾後，陸軍大臣進宮向日皇就此事件略作說明，並說充分調查後將再行報告。日皇對他面諭說：「國軍的軍紀，要嚴格地維持。」

對於這個事件，陸軍的一部份人士，甚至於認爲這是出自兇手對國家忠誠之赤心，並讚揚其壯舉。

從發生這個事件以後，每次看到我，公爵都說：

「這些不懂得道理的人，眞是糟糕。田中應該更懂得纔對。他的閣員說『因爲處罰而令外國人得悉其爲日本人所爲，將失去國際上的信譽，丟盡陛下的臉。』跟我的想法完全相反。但我却認爲，這如果是事實的話，則當以軍紀予以矯正，這樣纔是保持陛下面子，維護（日本）國際信譽之道。如果把它隱藏起來，則日本陸軍的信譽將日衰，從而毀損國家的體面，掩蔽聖德。不懂得這種自明之理，而一心一意想隱瞞的這些人，眞是頭痛，但這件事，我西園寺絕不放過。」

二

經過兩三個月，這個事情少有進展，十一月左右，公爵要從東京回到興津的前一天晚上，接到田中首相的信說：「明天要上奏。」我把公爵送到興津後，準備即時回到東京的時候，公爵說：「等一等，我有話給你講。」我遂到公爵的房間，他對我說：

「根據昨天晚上收到的田中首相書信，他們於今日向陛下上奏滿洲事件，所以你回去後到珍田（捨己）侍從長處，不要說西園寺想知道，而以你的立場，問問田中上奏到什麼程度，是怎麼說的。」

於是我很晚回到東京後，遂到番町的珍田伯爵公館去見侍從長，他說：「我沒有侍立，一般外交問題以文書，祗有張作霖事件用口頭報告，所以我也不大清楚。」對這事件，侍從長似也很就憂。我遂到興津去向公爵傳話。

天皇就位大典完畢，國會即將召開的時候，又掀起了這個問題。公爵很希望在國會開會前能解決這個問題，但不是那麼簡單。閣員們氣憤的說：「首相不跟我們商量而與元老商量，就張作霖事件上奏，實在太不應該。」

政府禁止所有報紙刊載有關張作霖事件的消息和文章。所以社會便非難政友會內閣嘴裡提倡新聞道德，而竟出於這種措施。起初，由於公爵的勸告，田中首相認爲，張作霖事件的調查，不要考慮它會影響政局而馬馬虎虎，而令陸軍調查，由陸軍大臣召集的巨頭會議，再來一次行政調查，然後決定要付諸司法處分或行政處分；可是陸軍却徹頭徹尾主張不要司法處分，而希望以行政處分來解決，甚至於意圖暗中了結這個事件。

我屢次到陸軍大臣那裡去問其情形和調查情況，那時陸軍大臣曾經對我公開表示不滿說：「我對田中首相對於此次事件的態度和政黨內閣的心理覺得非常不高興。」陸軍大臣對於這個爆炸事件，田中首相默認跟他同心的久原（房之助）遞信大臣利用其手下從事種種陰謀，而現在却把一切責任歸諸陸軍，這種態度好像覺得非常不滿。因此，田中首相爲了緩和陸軍部內對他的不滿，曾經私下拜托宇垣（一成）上將幫忙，這是當時宇垣上將親自告訴我的。

爾後，陸軍一直說正在調查，另方面閣員主張要使它不了了之，由之事實的調查遷延很久，於是日皇對這件事曾有所催促。田中首相及其閣員，不希望內閣因爲這事件而垮臺，而希冀由陸軍部內有直接關係者來負責，以便混過去。

日後召開師團長會議時，各師團長爲向日皇上奏各管下的軍事狀況，陪食的早晨一起進宮。在這前一天晚上，我得悉陪食完了的下午二時，陸軍大臣將就張作霖事件向日皇上奏，因而提醒內大臣，內大臣則說：「中午左右我在御所，如果陸軍大臣的上奏內容已經知道了的話，請問宇垣上將。」因此我遂打電話到宇垣上將公館，時宇垣上將已經前往陪食不在家。所以我又到御所，乘陪食出咖啡時，勞煩本多侍從請宇垣上將出來走廊一下。可是宇垣上將却說：「在各師團長軍情報告前，陸軍大臣似已向陛下上奏過調查的情形，因此下午的上奏沒有了。」換句話說，對日皇報告了一切事實，但對社會却絕守秘密。

國會閉會後，田中首相還是躊躇向日皇上奏這個事件的結論；內閣會要陸軍、外務省和關東廳調查這個事件，但外務省一直沒去碰，尤其有田（八郎）亞細亞局長堅持不介入。我把這事報告了公爵，公爵說：「這樣很好，外務省最好不要插手。」

三

在國會，在野黨會就此問題提出質詢，政府雖很頭痛，但勉強應付過去了。田中首相挾於陸軍與閣員之間過日子。這時日皇又再度催促；公爵也說：「要使它成爲虎頭蛇尾，這無論對於國家的體面和陛下維持陸軍的綱紀來講都不好。」公爵更獨言獨語說：「這個事件，在我有生之年，絕不讓它馬馬虎虎過去。」

迨至（一九二九年）五月中旬，田中首相上奏這個事件的始末說：

「（臣）曾令陸軍、關東廳和滿鐵就張作霖事件從事各種調查結果，發現日本陸軍裡沒有犯人。但對於發生這個事件，警備上當然有責任，因此（臣）將把他們付諸行政處分。」然後將關東軍司令官編爲預備役，把手下的參謀調到旁的地方去了事。

起初，對日皇報告說：「這個事件的犯人，好像是日本陸軍軍人。」日皇曾面諭說：「國軍的綱紀，要嚴格地維持」；可是以後根據各方面的情報，逐漸明白犯人是帝國軍人，這個事件應該召開軍法會議來處理。雖然如此，田中首相却以此事件的犯人不明，而祇以行政處分了事，這決非維持日本陸軍綱紀之道，所以日皇便對田中首相說：「這跟你起初所說的不是有出入嗎？」

說畢就進去，並對鈴木（貫太郎）侍從長說：「田中首相所說的，我一點也不懂，我不想再聽他的話了。」由於侍從長到任不久，不大習慣其工作，因而把日皇的話毫無保留地轉告了田中首相，於是田中首相惶恐流淚，即時提出總辭職，田中內閣終於「嗚呼哀哉」。

四

跟這次張作霖事件非常像的事件，有一九二五年大限（重信）內閣當時，暗殺張作霖的奉天獨立運動。那時，矢田七太郎在（外務省）政務局擔任中日交涉的工作，中日交涉結束之後，於一九二九年九月左右，他接落合謙太郎，以總領事代理身份在奉天。

此時，張作霖是第二十師師長，是段芝貴的後輩，但他把督軍的段芝貴趕走，剛自任督軍沒多久。他以滿洲是滿洲人的滿洲為口號，以日本軍閥為後盾，以展開奉天的獨立運動。當時，袁世凱在北京的勢力很大，勢要稱帝，在日本，田中義一是陸軍大臣，參謀本部的第二部長為福田雅太郎，外務省政務局長是小池張造，海軍省軍務局長為秋山眞之。

得悉中國的一部份人士反對袁世凱稱帝的日本，便令久原房之助到華南去出錢援助國民黨與反袁世凱之師，在華北則準備擁護避難旅順的肅親王，意圖造成滿蒙獨立國，這些資金都是大倉組負擔的。

從參謀本部，把當時擔任聯隊長的土井重造（可能是土居市之進）帶到滿洲，令參謀本部的小磯國昭為其參謀，他們兩個人在奉天鐵路屬地設置根據地，跟滿鐵和關東軍都督府（

中村覺上將）在一起，在各地拼命找「苦力」和游民，以組織其軍隊。

在另一方面，滿鐵（？）說服了擁有數千部下之蒙古的巴布札布進軍奉天，使用日本陸軍的預備役者，準備許多炸彈，以便攻擊張作霖。這時，俄國皇弟來日之日皇答禮使閑院宮（載仁）由俄都回來將經過奉天，中村上將特地前往安東縣（應該是長春）去迎接。矢田總領事代理為向中村上將表示敬意，張作霖督軍為對閑院宮的經過表示尊敬，同時也到達奉天車站。

回去的時候，張作霖和矢田分頭坐馬車離開，張作霖快要到家時，炸彈爆炸，其隨從者即時被炸死五、六個人、張作霖跳下馬車，戴上他警備的帽子，騎着其部下的馬逃走，張作霖的隊伍照樣走去，有人再投擲炸彈，但張作霖則倖免於難。矢田曾到第一次爆炸的地方去看，眞是慘不堪言，他撿到沒爆炸的炸彈，並帶回來給本鄉（房太郎）上將看，本鄉上將說：「這是日本特製的火藥。」

投第一顆炸彈的，也被炸死了，這個兇手是日本人。爾後巴布札布的軍隊往奉天進軍，惟奉天並沒有陷於其所意料的那樣混亂。乘其混亂，土井上校便化裝中國人，指揮中國「苦力」軍隊佔領奉天，並帶來契約條件擬與矢田總領事代理簽約，但為矢田所拒絕。

如此一來，一切歸於失敗，巴布札布的軍隊到達奉天後也沒有發生任何效果，中國人及時窺悉了事情的內幕。於是福田和秋山皆無法安於其位而出國去，政務局長小池更離開外務省，而棲身久原房之助的公司。

總之，這個陰謀丟盡了日本的臉。由於它跟這次的張作霖事件頗爲類似，特爲說明，以供參考。

（譯註）本文是日本最後的元老西園寺公爵的秘書原田熊雄的口述，口述題爲「西園寺公與政局」，一共爲九卷，是日本現代政治史最重要的資料之一種。本文譯自「西園寺公與政局」第一卷。

炸死張作霖與町野武馬

森義彪

得悉一九二八年六月四日早晨，滿洲王：大元帥張作霖被炸死的消息後，有兩個日本人驚愕得幾乎暈倒。

一個是首相田中義一。他臉色蒼白，祇講了一句話：「一切都完了！」另外一個人是在大連星浦的滿鐵魂裁山本條太郎。他坐下沙發椅說道：「田中內閣完了，我要回東京。」

一

我們如果仔細追究張作霖被炸死的原因，我們便可以揭開這兩巨頭爲什麼嗟嘆的秘密。世界金融大恐慌襲擊美國，因此受其影響而進退維谷的第一次若槻內閣之垮臺，是一九二七年四月十七日。

三天後的四月二十日，田中內閣繼而誕生。人們以爲，民政黨是消極政策，政友會爲「

積極政策」，而為人們寄以希望。威風凜凜上臺的田中首相，則大吹大擂地以所謂產業立國策為其招牌，因而予對不出色的民政黨不感興趣的國民，以不可思議的希望，而為其政策的主要課題者，就是懸案的「滿蒙問題的解決」，亦即「確立大陸國策」。

組閣後沒多久的四月某日，田中首相秘密地把住在帝國大飯店之張作霖的最高顧問町野武馬，請到他位於麴町的別邸。在此，他倆曾經就解決大陸問題懸案的具體方策舉行了密談。

田中：內外的情勢，致我們在此時此刻非一下子把滿洲問題解決不可。除非解決滿蒙問題，確立日本的大陸國策，日本將陷於混亂，更不會有前途。我認為，甚至以武力來解決亦在所不惜。高見如何？

町野：如果要用武力來佔領滿洲，恐怕有一個旅團的精銳就夠了。但我們必須考慮一點：現在我們假設在銀座街頭要强姦一個美女，要强姦她，我想是辦得到的，但事後那些大哥來找你麻煩，你說怎麼辦？（它的意思是說，要用武力來解決滿蒙問題不是不可能，但萬一美、英兩國以武力出來干涉就麻煩了。）

田中：我躭心的就是這一點。因此我有一個妙案，則不以武力而以既成事實來解決滿蒙問題。所以在其第一個階段，我想請足下說服張作霖，以解決懸案的滿蒙五鐵路建設問題。

町野：張作霖就任大元帥沒有多少時日，而其志乃在平定整個中國。在這個過程中，要其承認與論所反對的問題，簡直是殺鷄取卵的行爲。因此請您能給我兩三年時間。

田中：日本國內很鬱悶，所以沒有多餘的時間。足下如果不肯答應，那就祇有用武力解決之一途。我已成竹在胸。

町野：首相旣然這樣堅決，那就沒辦法。張作霖的霸業雖然將受挫折，但我唯有讓其承認五鐵路的問題。

田中：好，那麼我們就這樣辦。但我們應該怎樣跟他交涉呢？

町野：首相與張作霖，以前就有不淺的因緣，所以最好的方法是首相親自與其交涉。或者有沒有能够代表首相的人物？

田中：我想請山本條太郎來辦這件事，我沒有請他入閣就是爲了這種原因。

町野：山本是可以的，但要很秘密地行事，萬一洩密，孤注一擲的這個大膽的企圖，將化爲泡影。

由於田中、町野這個謀議的結果，日本對建設滿蒙五鐵路的態度遂有所決定。而負着田中密令的町野，便去進行說服山本條太郎的工作。

提案田中內閣之招牌「產業立國策」的山本條太郎，跟三井財閥的幕後人，政友會的領導者謀將森恪一樣，對大陸問題具有卓越的意見，是個非凡的中國通。而且最近與森恪和松岡洋右考察了國共合作、第一次北伐中的中國現況，對正在民族復興過程中的中國的實際情形非常瞭解，從資格來講，他是屬於首相級的人物。

以爲要他與張作霖交涉，等於要把他置於死地，因而拒絕町野之勸誘的山本條太郎，迨至聽到田中和町野謀議的經過，三個人遂重新會談，山本瞭解田中的眞意之後，便又舉行了三個人的密議。

山本認得張作霖。一九二七年春天，張作霖就任大元帥不久，意氣軒昂，在北京紫禁城內大元帥府睥睨蔣介石北伐軍的時候，因爲町野的介紹，山本與張作霖見了面。

田中、山本、町野密談，決定了山本將以田中首相代理的身份與張作霖談判；近日中將任命山本爲滿鐵總裁；町野負責與張作霖聯絡等等。

田中首相之所以拚命要說服張作霖，以便一下子解決滿蒙五鐵路問題，是因爲他有這樣的構想：爲解決日本的大陸國策，一定要把中國劃分爲關內與關外，讓蔣介石的國民黨統治關內，張作霖主關外，則所謂「滿蒙內離政策」。

三

田中首相兼任外相；委託町野說服張作霖的田中首相，開始着手其滿蒙分離政策的實行，而爲其具體表現的，就是「東方會議」。從一九二七年六月二十七日到同年七月七日，在外相官邸召開五次的這個會議，從它的規模來說，是空前的熱鬧，但這個會議的中心人物却是外務政務次官森恪。

在清除幣原軟弱外交，推進田中積極外交的旗幟下，鼓動不惜使用武力的田中首相，在背後導演的謀將森恪，跟山本條太郎一樣，出身三井物產公司，山本的盟弟，在中國工作很久；森跟山本的關係，如果山本是田中首相的分身，森便是山本的分身。不讓設置專任外相，自己佔據外相官邸，不滿外務省官員一切事務和處理事件的森恪，一上任就來個人事大調動，以清除幣原的色彩。日後在第二次近衞內閣松岡洋右外相所行的樞軸一邊倒人事，與森恪在田中內閣所搞的清除幣原外交的人事調動，對外務省可以說是影響最大。東方會議就

是在這種情況之下召開的，

這個會議的一個重點是要把幣原外交轉變爲田中外交。換句話說，這是爲清算民政黨的外交政策，確立政友會外交，而對中央和第一線工作人員所進行的「洗腦工作」。與會者有田中首相，各有關大臣，陸海軍首腦，駐滿華使領首長和軍方負責人，森政務次官擔任主席，會後發表了包括八個項目之長篇的新政策綱領。

在這個綱領的第六、七、八項裏頭，它一方面强調日本在滿蒙權益的特殊性，同時表示爲確保這個特殊地位，不惜動用武力，以向國內外表明田中外交與幣原外交的根本轉變。

由於這個聲明與第一線的軍司令部和使領館一有事就要發表的聲明不同，是以「出兵他國領土」爲外交上之原則的聲明，因此它遂給國內外很大的衝擊。出席這個會議的武藤（信義）關東軍司令官曾經問田中首相說，這個聲明是百分之百地要實行？

田中首相答說，是一點也不錯；而爲武藤軍司令官隨員的，就是次年在村岡（長太郎）關東軍司令官時代炸死張作霖的河本（大作）高級參謀。

戰後，曾任自由黨總裁，被認爲有如自由主義之象徵的首相吉田茂，這時以奉天總領事身份參加了這個會議。吉田帶了東方會議的結果回到奉天，遵照這個會議的決方定針，爲了警告張作霖，決心阻止正在爭持不下的京奉線之橫斷滿鐵線。

日本因一九〇九年有關「滿洲五案件」的協定，承認京奉線延長到奉天城內，由是京奉線遂橫斷滿鐵線而延長到城裏的兵工廠，給張作霖非常的方便；對於吉田的這項强硬措施，亦即對張作霖所採取的高壓手段，關東軍認爲，雖然有效但却太過分，或還不是時機，而予以反對。

日本政府以關東軍不贊成，而無可奈何，因此陷於孤立無援的吉田，遂藉口得病住進奉天紅十字醫院，繼而以療養爲由，回到日本國內。這個比關東軍還要兇的吉田的武力外交，爲田中首相和森恪所賞識，因而檢到外務次官的位子。今日的自由主義健將，曾經竟爲武力外交的崇奉者，這不能不說是歷史的諷刺。

四

受田中首相密令的町野，於四月下旬由東京往北京出發。

一九二七年七月十九日，山本條太郎就任滿鐵社長，同時邀請松岡洋右擔任他的副社長。松岡滿腹經綸，跟田中首相是同鄉。其所以變革機構，把社長制改爲總裁制，乃是以對方的張大元帥爲前提的重整外交威容。

這時，張作霖的宿敵，山西省督軍商震率大軍進迫北京附近；河南的孫傳芳和綏遠的傅作義也在活動；來自長江方面的情報說，國民革命軍將再次以蔣介石先生爲統帥，明年春天，開始大規模的北伐。

四面受着强敵的猛攻，京津地方勢又將陷於軍閥混戰的禍亂局面。大元帥張作霖爲着因應它，正在頭痛。這是第一個機會。滿鐵本社遂以公文，由山本總裁向張大元帥要求會面。

張作霖問町野，山本總裁的目的是什麼；町野故意裝傻說，大概是上任的拜訪。

町野沒有馬上說出其心裏的秘密。迨至山本總裁率松岡以下大員抵達北京的前一天，三更半夜町野走進張作霖的臥房。緊急的時候，町野是可以「闖進」大元帥寢室的。

張作霖問町野這樣晚有什麼事，町野告訴他山本一行到北京的目的，並遞給他有關鐵路問題的文件。張作霖鐵靑着臉捧着文件怒說：日本想要跟蘇俄打仗的鐵路對不對？這是辦不到的！說罷就走。

町野緊跟着張作霖背後，並拍着他的肩膀大喝說：「明天就再見了！」

一九二七年十月十五日中午，張作霖與山本就有關懸案的滿蒙五鐵路建設問題，假北京紫禁城內大元帥府，張作霖的迎賓館完成了臨時的簽約手續。至於張作霖與山本緊張的會見場面，因爲篇幅關係，不擬敍述。總之，當天的張作霖，眞是「蹣跚踉蹌」，一夜之間，憔悴萬分。至此，懸案許久的滿蒙五鐵路（吉會、延海、吉五、長大、洮索五線）的建設問題，遂完成其初步的簽約手續，田中首相的大陸國策，由之踏上其第一步。

一九二八年四月，再度開始北伐的國民革命軍，以怒濤澎湃的聲勢，迫近京津地區。田中內閣以爲，北伐軍的北進，必定會影響東北的治安，因而持有武器東北軍的殘兵，如由京津方面往東北逃而擾亂時候，將以武力確保治安的態度。

日軍中央，有强硬主張看破張作霖，並使其下野的一派，白川陸相和森政務次官便是。外務省的有田（八郎）亞細亞局長和陸軍省的阿部（信行）軍務局長，曾經聯袂到修善寺去晉見正在靜養的田中首相，一起建議他規勸張作霖下野，但田中却以「張作霖的事由我來處理」而拒絕。

田中首相之把滿蒙政策的實行寄託於張作霖的存在，一方面是因爲山本與張作霖就鐵路問題簽了約而給他以自信，二方面是由於他個人的親密感所導致。

俄日戰爭時，俄國間諜、綠林的頭目張作霖，被日軍逮捕幾乎要槍斃的時候，當時的中校參謀田中義一，為張作霖向福島安正少將請命；爾後張作霖變成「官軍」，旋因日軍的庇護，登上奉天省長兼東三省巡閱使的寶座，成為事實上的滿洲王；袁世凱死後，軍閥混亂時代，他踏進京津一帶，自封大元帥，是個亂世的梟雄，但從田中首看來看，張作霖仍是個不能隨便予以責備的小孩子。與此同時，張作霖對田中也具有與衆不同的信賴感。是則除這種親密感之外，田中還擁有要令張作霖參與一場大賭博的驚天動地的密計。

六

再過旬日北伐軍就要進攻北京的五月十五，滿鐵總裁山本條太郎有如猛虎乘疾風來到了北京。這個很能看準時局機微的政治家，知道關東軍司部已經不折不扣地接受政府自東方會議以來的强硬政策，以為張作霖部一定打敗，因此對中央要求增派軍隊，而為其一部份的一個混成旅團，且近日中將抵達奉天，司令部在數日內要移到奉天，採取戰時體制，如張部敗退，則請奉勒命令，卽時出擊，一舉解除其武裝，而在那裏待機着。至此，張作霖的前面是國民革命軍，後面為關東軍，而陷於兩面夾攻，進退維谷的絕境。山本條太郎以此機不可失。

抵達北京的山本，對周章狼狽的張作霖，手交了一張紙片，要他答好或者是不好。紙片寫着「日滿經濟聯盟」和「日滿攻守同盟」的要項。這是田中、山本所密議要一擧解決滿蒙政策的根本方策，爲了要使張作霖擔任這個任務，田中才把要令張作霖下野的意見壓下去。

被置於絕地的張作霖，遂拋去對日本的疑神暗鬼，而欣然援受了田中的這個提案。這兩個同盟條約，對張作霖保證下面兩件事：在日本的庇護之下，張作霖將名符其實地成爲滿洲王；萬一張作霖與蘇俄衝突，日本將援助張作霖。

有如獲得救世主的張作霖，歡欣若狂，對於欲辭去大元帥府的山本抓住不放，因而更命令特快車延展開車的時間。

田中和山本的秘密約定，是先把宛如發瘋地唯統一中國是圖的張作霖置於死地，然後再給他起死回生的機會，同時把握這個機會，以一擧解決滿蒙問題。而在北京淪陷的前夕，山本和張作霖遂做了這樣的孤注一擲。

由此，山本遂在回去東北的火車裏，邊喝啤酒，滿面春風，而傲然地說：「這等於購得了滿洲，所以不必用武力來解決了。」

七

這時，田中首相遣派前陸相山梨半造上將爲其特使前往北京，規勸張作霖回到東北，同時於山本、張作霖密約成立後沒幾天的五月十八日，令芳澤（謙吉）駐華公使告戒南北兩軍說：「禍亂如果波及滿蒙，無論是南軍或北軍，將解除其武裝。」無需說，這個警告的含義是，阻止國民革命軍追擊到關外，以援助張作霖。

爾後不出二十天的六月四日拂曉，因與山本的密約對他的將來獲得保證，以爲可以安穩回到東北，由之離開北京的張作霖，竟在瀋陽車站附近的交叉點被炸死。

我認爲，以「張作霖不可恃，政府的狐疑逡巡將誤國策」，祇要幹掉張作霖滿蒙問題便能獲得解決，所以忽視中央的指示，而以謀略手段炸死張作霖的河本高級參謀，可能不知道上述田中、山本、張作霖間的密約才出於這種行爲。

跟今天已經搞清楚了的九一八事變的謀略不同。在當時，軍部中央對張作霖採取那樣強硬的政策，張作霖的親信楊宇霆和他的兒子張學良，先張作霖出發，惟猜不透關東軍的本意，不敢直往奉天，而在錦州觀望的時候，張作霖竟敢這樣遊哉悠哉回到奉天，是因爲他確信關東軍不會使用武力，而給張作霖這種確信者，就是上述山本和張作霖的密約。

如果詳細分析田中內閣的成立過程及其外交政策，我們可以發現第一線的武官用謀略實行了，要用武力解決滿蒙政策之方針的「積極外交」的一面；與此同時，也可以發現當日左右着大陸國策之田中、山本兩巨頭的「構想」，之一再地被忽視的事實。而正如山本所言，田中內閣遂於翌年七月壽終正寢。

滿州某重大事件

戶川猪佐武

田中的決心

田中（義一）首相之所以作與陸軍和政友會完全不能兩立的「停止一切行動」的決裁，可以有各種各樣的推測：也許是想防止戰禍的擴大這種政治家的良心所使然，也可能是由於懼怕搞壞對美關係所導致。

但我却認爲，爲了要很順利地實現其大陸政策，田中纔下了停止一切行動的決心。他的大陸政策，從已經正式發表者可以瞭然，就是想把東北交給張作霖，將華北、華中和華南委諸蔣介石（以下簡稱蔣先生—譯者）的「分割政策」。當時，雖然一半也是軍部的意思，田中早已介紹現役的土肥原賢二上校和嵯峨誠也少校、預備役的松井七郎少將和町野武馬上校，到張作霖那裏去做他的顧問，以幫助張作霖。與此同時，田中又透過滿鐵總裁山本條太郎等人，說服並不積極的張作霖和楊宇霆，從而獲得「吉會、長大、索倫等五大鐵路

向日本貸款，並在鐵路創設附屬地域」的權利。（譯註一）

在另一方面，對於蔣先生，外交部長的王正廷，雖然推行着革命外交，但田中還是想以箱根會議的秘密協定（譯註二）：「如果（中國）承認日本確保滿蒙的權益，（日本）將承認蔣介石在華北、華中和華南的統一政權」這種條件來進行「交易」。

是卽爲了要很順利地推行這個分割政策，田中纔下「停止一切行動」的決心，而且爲此，在召開東方會議之前，田中就已經有所準備了。

而這就是令張作霖從北京回到奉天，俾使蔣先生無恙地進入北京的構想。如果這樣的話，旣可以避免蔣、張兩軍在直隸平原的決戰，日本也不必採取軍事行動，因此更能夠緩和各國對日本的感情。不特此，它還可以利用張作霖，以策日本在滿蒙之權益的安全，同時保持日本與國民政府的友好關係呢！

這個構想，曾經獲得外務省首腦們的支持。於是田中遂於五月十八日，亦卽召開東方會議的前兩天，發表所謂「維持滿洲治安宣言」說：「如果戰亂波及滿洲，爲維持（滿洲的）治安，（日本）將採取適當而有效的措施。」以表示日本所要維護的最低線是滿蒙的權益，所以與表明蔣先生不可以侵犯張作霖之地盤的同時，又發表「對於戰亂（日本）將嚴守中立」

的中立宣言，以顯示日本並無意阻止蔣先生之統一政權的出現。

爾後，於同一天，田中訓令日本駐北京公使芳澤謙吉往訪張作霖於大元帥府，手交上述這兩個宣言的覺書。而更重要的是，田中於此時，透過芳澤對張作霖提出如左之內容的勸告：「在戰亂還沒波及北京和天津以前，與其軍隊同到東三省，以策滿洲的安全，無論對整個中國和張派都是有幫助的：如果（張作霖）不這樣做，日本將不予以援助。」

無需說，把馮玉祥趕走後插足北京，志在統一全中國的張作霖，是不會那麼乖乖聽話的。可是，田中却令芳澤再三地去努力說服張作霖，因此，張作霖終於不得不接受田中的勸告。因為，張作霖的兒子張學良，和參謀長楊宇霆等人，對與蔣先生的作戰不但不很積極，而有冀求和平的傾向。其次是，在日本，田中壓下東方會議之對中國出兵的強硬外交論，並做了「停止一切行動」的結論。這等於說，他的將領們，和日本都拒絕了他欲死守北京的方針。所以，眼看「大勢已去」的張作霖，實祇有出於把北京交給閻錫山，而乖乖地回到奉天之一途。

張作霖被炸死

「朝日新聞」的北京專電，對於張作霖於六月三日晚上離開北京當時的場面，曾經這樣報導說：

「浴着新綠街道微透森芒的月光，從過去住了兩年的大元帥府正門出來，經過窗子，依依不捨地回望南海樹欉的張作霖眼睛，竟閃着光亮。

上午一時十三分，在水洩不通的警戒中，張作霖一行出現於月臺。夜深，警衞隊的刀槍發出熠熠燈光；荒凉的軍樂，挽歌般地響起。張作霖的左手緊抓着佩劍，行擧手禮與送行者告別。

張作霖的表情，顯得非常悲痛。一直希望統一中國的他，今日竟不得不以敗軍之將離開北京，誰目睹此情此景，又怎能毫無感慨？……

張學良、楊宇霆和孫傳芳等人，尤其痛感別離的苦楚，他們在月臺，一直站到列車開走。列車於一點十五分，留着沉悶的汽笛餘韻，悄悄地離去。

爲了預防萬一，使用兩部火車頭，前後各配一部鋼鐵車，又備機關槍隊，一共二十輛的長龍列車」（摘要）。

可是，自此以後不到五個小時，亦卽於六月四日上午五時三十分，初夏的曙光開始漸露，列車到達距離奉天十幾分鐘的地點皇姑屯，京奉線與滿鐵線交叉的陸橋下的時候，突然來了大爆炸。

貴賓車三輛，被摧毀於兩百多公尺的黑烟之中。

這時，在列車的娛樂室，張作霖等正在打麻雀。（譯註三）。副官來報告說：「快到奉天了」，黑龍省督軍吳俊陞，軍事顧問嵯峨少校站起來的時候發生了爆炸。二、三輛被炸到空中，娛樂車大悗而特悗。還沒離關開麻雀桌子的張作霖，正想躲到桌子底下，此時很大的鐵片，飛撞張作霖的鼻子。

張作霖卽時被送到奉天的醫院，但那天早上十點鐘左右，他便變成冷冰冰的屍體。吳俊陞則當場死亡。

可是當天上午十時三十分，日本陸軍省却發表了這樣的聲明：「有人在瀋陽車站與奉天車站之間的交叉點，對張作霖所坐的列車投擲了炸彈。由此張作霖和吳俊陞受輕傷，有幾個人傷亡。警衞隊卽時槍擊便衣隊。但日軍與中國軍之間並沒有發生任何衝突。」

令人覺得張作霖好像還在人間的這種說法，無異是撒謊。又說有人投擲炸彈，更是信口開河的揑造。

發生事件以後，根據中日兩國官警的調查，是在鐵橋的柱子與柱子之間，裝設很強力的黃色火藥，配合張作作所坐列車通過的時間，而予以爆炸的。

但是日本陸軍却意圖繼續騙下去。一個星期以後的六月十二日，它又發表了如下的聲明：

「……四日上午三點鐘左右，有三個行蹤可疑的中國人想爬上滿鐵線的堤上。我監視兵走近問他們的是誰，他們却要投炸彈。於是我士兵遂刺殺其中兩個人，一個逃走。檢查中國人的屍體結果，發現兩顆炸彈和兩封信。其中一信是私信，一封是國民軍關東招撫使書信的斷片。由這些，可以斷定他們是南方便衣隊隊員無疑。

從爆炸的情況來判斷，所用炸藥的數量相當地大，因此絕不是投擲的。又，當時，張作霖所坐列車的開車和到達時間都屬於極機密，無從得悉。日方甚至以爲，三日深夜，該列車已經通過了呢！」

照這種說法，張作霖的被炸死，與日本陸軍毫無關係，而是國民政府的便衣隊所幹的；但我們要知道，這是百分之百的謊言。

元兇是日本陸軍

可是，爆炸的眞相，早已被消息靈通的第六感和經驗猜到了。亦即爆炸事件發生後，中國報紙和英國系統的英文報紙便報導說：「事件背後有日本陸軍」。不特此，連重臣西園寺公望公爵竟也就心說：「元凶很可能是日本陸軍。」

經過沒多久，從很特別的線索，小川平吉鐵路大臣獲得犯人是關東軍高級參謀河本大作上校的情報。爲證實這項情報，遂派奉天總領事林久治郎和憲兵司令峯幸松中將去進行調查。其結果是，河本命令恰好正在奉天的朝鮮派遣工兵第二十聯隊，在橋下裝設炸藥，由警備列車的奉天獨立守備負責人東宮（鐵男）上尉按電鈕爆炸的。

河本爲什麼要暗殺張作霖呢？

俄日戰爭當時不過是綠林之小頭目的張作霖，竟能做大元帥，是因爲日本陸軍的援助，可是到今日，張作霖却不但把這個事實忘得一乾二淨，而且出於排日，所以陸軍的大部份人，尤其是河本非常憤慨。這時候，河本開口閉口就說：「我一定要把張作霖幹掉。他兒子張學良繼承他也沒有什麼兩樣」；「田中義一出賣了軍部。」

爲了暗殺張作霖，河本做了很巧妙的導演。他囑名叫安達隆成的大陸浪人去找中國人。安達知道流氓劉戴明以前曾被張作霖免去部隊長的職位懷恨在心，因此以兩萬元爲報酬，要他去找三個游民（都是嗎啡慣犯）。劉戴明各先給五十元，並指示他們說：「六月三日，在日本人經營的澡堂換好衣服以後，深更到滿鐵線陸橋附近的日軍步哨去聽候命令。」但其中一個人，却違反逃跑了。

無需說，這兩個人被裝扮成革命軍的便衣隊，在滿鐵堤上幌來幌去，而終於被日軍所刺殺。

可是，偶然來看現場的日人澡堂老板却向關東廳的警察機關報告說：「這兩個中國人，昨天晚上曾經在我們的澡堂洗過澡」。

聽到這個消息的奉天特務機關長秦眞次少將便對警察當局大罵說：「把這種事報告到中央，將予軍部以莫須有的疑惑」。但秦的這個擧動，反而加深了人們對軍部的懷疑。

在另一方面，河本却拿不出兩萬元給劉戴明。中國官警且已注意到苦於金錢的劉戴明身邊了。因此，安達遂救援於其親友工藤知三郎；工藤是小川鐵路大臣派到廢帝溥儀處的浪人。得此消息的工藤，驚忙地趕回東京，向小川報告其詳情。這是爲什麼政府很早就知道事件之眞相的原因。而更値得我們注意的是，這個暴力行爲並非河本個人的行動，而是整個陸軍的罪行這個事實。這是伊藤正德的「軍閥興亡史」和綠川史郎的「日本軍閥暗鬪史」所同樣論到的。

因爲，河本是本庄繁、松井石根、秦眞次、建川美次等的盟弟，是岡村寧次、板垣征四郎、土肥原賢二等的盟兄。這些人都是對華北政策的積極的武力派。河本更是跟小磯國昭、橋本欣五郎、岡村、土肥原等，出入於大川周明所主持之大學寮的份子。這些人皆屬於與日後的十月事件（譯註五）和三月事件（譯註六）等軍事政變具有不可分割之關係的右翼人物。

所以，河本的思想和行動，可以說是當時陸軍的一面鏡子。河本之憎恨張作霖，非難田中的和平政策，從而暗殺張作霖，一意準備侵略大陸，無非是當日的陸軍希望這樣做。

而事實上，發生這個事件以後，陸軍的中堅軍官竟慶賀河本的暴力行爲爲壯舉。

迨至明白暗殺的兇手爲河本，必須商量善後策的時候，田中遂對宇垣一成嘆息說：「眞是混蛋！簡直不懂爲父母者之心！」

抨擊田中內閣

旣然矇騙不下去，也就祇有研究善後策。其善後策，具體地說有兩個：第一是處分犯人和有關係的人，第二是淸除陸軍的激進派。

田中首相已經下了決心，並與宇垣一成商量決定這樣做：

「以軍法會議，嚴格處分有關者」。

「依陸軍的穩健派，來重整有紀律和秩序的軍隊」。

如果這個決定實現了的話，爾後的日本政治和外交，很可能不會走上「暴力、黑暗的軍部專橫」的時代。可是，現實並沒有照田中和宇垣的構想（意思）去編織其歷史。

因爲反田中的軍部，出來猛然反對說：「如果發表日本的陸軍軍人暗殺了他國的相當於元首地位的人，將予國際上以很大影響，因此不能發表」；「如照田中首相的主張付諸軍法會議，就得發表其眞相」；「爲了避免發表這個事件的眞相，最好是在國內秘密地將有關者予以行政處分了事」。

而且，奇怪的是，除兩三位閣員支持田中的意見以外，以政友會首腦爲首的大部份閣員，都以「如果處罰軍人，在國際上將毀損國軍的信用和天皇的威信」，而反對田中的意見，袒護軍部的主張。（田中爲政友會的總裁亦卽黨魁—譯者）

譬如不愧爲親軍派的久原房之助遞信大臣，便責問田中說：「田中君旣然派下手在滿洲從事陰謀工作，並默認它，自不應該因爲發生事件而就要把責任全部推給陸軍。」跟田中意見相左的森恪的態度也是一樣。正如伊藤正德在其所著「軍閥興亡史」中批評說：「那時候，政友會領袖們的頭腦衰退了。」而事實上也是如此。

政友會首腦們之所以反對田中的意見，是認爲：假若以軍法會議嚴格處罰，解決這個問題，就得發表其內容，若是；內閣則勢非負政治責任辭職不可。一言以蔽之，他們所懼怕的是丟掉政權。

另外一個理由是，田中所決心的「肅軍和重整陸軍」遭遇到軍部的總反擊。白川陸相說：「我不以祇想處罰陸軍之總理和政黨內閣的態度爲然」；鈴木莊六參謀總長說：「我們應該儘量斯文地處理這件事情」，亦即陸相和參謀總長都在抑壓田中。

面對執政黨內部和軍部的反對，田中一時陷於進退維谷。惟當時內務省和軍部，對報刊實行着非常嚴格的檢查制度，所以對張作霖被暗殺事件，都曖昧地稱之爲「滿洲某重大事件」。問題不在它的稱呼，它的內容，其實早爲世人周知了。

尤其是在野黨的民政黨，大事抨擊田中首相和白川陸相，展開硬迫白川辭職，從而以達打倒內閣的策略。在第五十六屆國會衆議院大會和委員會中，中野正剛、永井柳太郎、山道裏一和工藤鐵男等議員，相繼不遺餘力地抨擊田中內閣。

他們的攻擊重點是：第一、「發生炸死事件的地點，係屬於日本擁有行政權的日軍警備區域，爲什麼把它交給中國去警備？這不是放棄行政權嗎？」第二、「田中內閣的對滿政策，並沒有解決鐵路和不法課稅的任何問題。滿蒙並不因爲內閣的諾言成爲安居之地」。

田中首相的答覆，好像很痛苦。他答說：「把警備交給中國，是現地守備所做的事，總理大臣並沒有責任。對於派駐外地官警的行爲，首相如果要一一負責任的話，有幾萬個首相也不够。這有法規，它規定着責任的所在」；「我一直努力於對滿政策，（她的）治安還好，我僑民毫無不安的感覺。對於日本政府所發表有關滿蒙之特殊權益的聲明，列國都很敏感。」

但將田中首相置於死地的，還是所謂上奏問題。這跟重臣西園寺公望大有關係。是卽發生張作霖事件以後，西園寺遂對田中忠告說：「犯人如果是日本軍人，一查明就處分，除此而外沒有收拾的辦法。」

田中之所以有軍法會議，嚴格處罰的想法，實淵源於此。而在這個意見與軍部、政友會的秘密行政處分論爭執的時候，西園寺一再地催促田中早點向日皇上奏這件事。

由於這是很難上奏的事件，所以田中非常消極，惟因西園寺催促再三，因而田中終於不得不進皇宮。可是，田中對日皇卻祇上奏說：「對於炸死張作霖事件，陸軍似有嫌疑，已經命令陸軍大臣正在調查中」。

對於田中這種上奏的內容，西園寺萬分生氣。西園寺的想法是：「這些傢伙眞不懂得道理。閣員們以爲被人家知道犯人是日本軍人的話，將有所損國際信用和日皇的威信，但我卻認爲這剛剛是相反，則惟有以軍紀堂堂地處分，纔能維護國際信用和日皇的威信」。

田中於十一月，再度前往上奏。但這次的上奏，田中並沒有事先跟閣員們商量，而且用的是口頭，所以閣員們和珍田捨己侍從長都不知道其內容，因此閣員們便生氣抗議說：「總理不跟我們商量，而祇跟元老商議上奏，眞是太不應該。」

換句話說，在政友會和軍部裏頭，簡直沒有想認眞認識這個事件的本質和妥善處理它的人。存心反田中的政友會首腦們，皆以兇猛的眼神，汲汲於批評田中善後策。他們的想法，的確離譜的很。

在另一方面，軍部也毫無反省，祇一心一意，集中全力，以牽制擬以軍法會議來嚴重處分有關人員和肅軍（重新整編）的主張。其態度，幾乎近於橫暴。

但是，對於強詞奪理之政友會的多數（議席），和陸軍的暴力，田中首相却束手無策。尤其是田中本人是陸軍出身的，深怕被其所由生出懷恨，而不敢抑制軍部的反對。與此同時，他以有如養子地被抬出來做政友會總裁，日子不長，因此在黨內，還沒有能夠貫徹其主張的實力。所以，田中終於不得不向軍部和政友會屈膝。

軍閥政治抬頭

爆炸事件發生一年後的一九二九年六月二十六日，田中內閣正式發表調查報告說：「調查滿洲事件的結果，並沒有日人參與其事的證據，但對於放棄守備權的部份，已經追究當局的責任，並分別地予以處分」。

換句話說，田中以行政處分了結了這件事，其內容爲：關東軍司令官村岡長太郎中將被編入預備役，關東軍高級參謀河本大作（上校）被停職，關東軍參謀長齋藤恒（少將）和獨立守備軍司令官水町竹三（少將）被譴責。

可是，六月二十九日，田中上奏日皇這件事時發生了問題，因爲他不得不作假的上奏說「就張作霖事件充分調查結果，日本陸軍裏沒有犯人。惟對於發生這樁事件，（陸軍）有警備上的責任，因此決定予以行政處分」。

對田中個人來講，這是非其所願的上奏，但就日皇來說，也同樣地不滿意。因之日皇遂對田中說：「你所說的，跟最初講的不是有出入嗎?」

說罷，日皇就進去，並對侍從長說：「田中的話，我一點也聽不懂，我不想再聽他的話了」。

於是田中終於在七月二日提出辭職。

張作霖事件，使日本和中國的外交關係陷於再也無法改善的地步。它不但破壞日本與國民政府的關係，而且把跟日本有聯絡的張作霖派推到排日的一邊。

由於倖免一死的那一個中國人的報告，張學良老早就知道炸死他父親的是關東軍。惟他判斷「如果張學良提出抗議，關東軍將抓住這個機會開始戰爭，以奪取東北。」所以纔一直保持沉默。

可是沒多久，張學良便跟蔣介石國民政府握手，在東北升起靑天白日旗。由此，日本在滿蒙的權益，遂功虧一簣。

這時，張學良派陶尙銘到東京，去就與國民政府妥協事，徵求田中的諒解。田中祇感驀地說：「作霖有如我弟弟，因此學良好像是我的兒子……」。

但森恪却非常生氣。他認爲，張學良的行爲絕不可寬恕。不消說，這也是陸軍對張學良的感情。

我認爲，以濟南事件爲契機的蔣介石革命外交，加上以張作霖事件爲轉捩點而開始的張學良的排日等等，使陸軍大大地激發其傳統信念亦卽侵略大陸的意識，從而發展爲九一八事變。當然，這些都是陸軍播下的火種。而張作霖事件，就是爆發九一八事變的一個因素。

與此同時，這個事件，在內政方面更造成陸軍干預政治的開端。換句話說，由於沒有嚴重處分犯法的軍人，而祇予以輕微的行政處分，因此陸軍的激進派便形成具有力量，無法無天也可以得逞這種否定議會政治（政黨政治）的暴力政治的意思。而以後遂演變爲十月事件、三月事件、五・一五事件（譯註七）、二・二六事件（譯註八）。是卽張作霖事件本身，把日本外交帶往戰爭；事件善後措施的錯誤，導致日本政治變成軍閥政治的禍根。

（譯註一）關於五大鐵路，請參看前面之文章。

（譯註二）指的是山浦貫一編修「森恪」一書所說，田中、蔣先生、張羣、森恪的會談，但高倉徹一編「田中義一傳記」一書却否定有這個會談，張羣先生也否認。

（譯註三）根據張作霖的軍事顧問嵯峨誠也說，他跟陳慶雲去向張作霖說早安時發生了爆炸。這時，張作霖與吳俊陞相對而坐。（「九一八事變與奉天總領事」，林久治郎遺稿一九頁。

（譯註四）小川平吉曾經幫助過辛亥革命，他發表有「深沉大度的人物孫逸仙」一篇短文，此文收於陳鵬仁譯「論中國革命與先烈」一書，此書由黎明文化事業公司印行。

（譯註五）十月事件是一九三一年十月，因為三月事件失敗的橋本欣五郎等櫻會的軍官為主，加上大川周明、西田稅等民間右翼人士，為呼應九一八事變計劃政變，企圖於十月廿一日動員步兵、機關槍中隊、海軍軍官、民間右翼，斬殺若槻禮次郎首相和幣原喜重郎外相等，在戒嚴令下成立以荒木貞夫中將為首相的政府，惟因事先漏密而歸於失敗的事件。

（譯註六）三月事件是一九三一年三月，陸軍青年軍官橋本欣五郎、長勇等櫻會幹部、和陸軍中央的小磯國昭、建川美次、民間右翼大川周明、社會民衆黨龜井貫一郎等人參加的政變計劃。亦即大川和龜井先準備動員群衆包圍國會，乘混亂時實行戒嚴，令軍隊進入國會，以成立由陸相宇垣一成組織的政府，惟因計劃不同，和宇垣之不積極而失敗的事件。

（譯註七）五・一五事件是一九三二年五月十五日，以海軍軍官為主，陸軍軍官學校學生也參加，殺死犬養毅首相，企圖奪取政權但失敗的事件。由此，日本的政黨政治遂告終焉。

（譯註八）二・二六事件是一九三六年二月二十六日，陸軍內部皇道派青年軍官受北一輝的影響，企圖用武力改造國內，動員一千四百多名士兵，開始叛亂，殺死齋藤實內大臣、高橋是清藏相、渡邊錠太郎教育總監等人的事件。叛亂軍後來歸順，政變由之而失敗。

皇姑屯事件內幕

島田俊彥

一九二八年六月三日夜晚

一九二八年六月三日晚上，有一部載着炸藥和電線的運貨車，跟幾個人悄悄地從奉天的日本獨立守備隊營房後門出去。沒多久，這部運貨車到達滿鐵線跟京奉線在奉天西北部交叉地點之後，就停下來。位於京奉線上面之滿鐵線的鐵橋，係由兩根以磚頭築成的橋脚支撐着，這些人乘夜在橋脚上層裝上了一百到一百五十公斤的黃色炸藥。然後從這個地點往南大約二百公尺，到日方爲監視列車小偷而設的小屋，安裝了導火用的電線。

完成了秘密工作的他們，又悄悄地離開了這個地方。這一行中的一個人是關東軍高級參謀河本大作上校。受河本委托裝置炸藥的，是從朝鮮來支援的朝鮮軍工兵第二十大隊的一個中尉，他的工作，曾令河本讚譽說：「不愧爲專家。」又，受河本之命從事計劃和準備爆炸的獨立守備隊第二大隊中隊長東宮鐵男上尉，很可能也參加了上述的工作。

河本於下午十時左右回到關東軍參謀的宿舍「瀋陽館」。恰好河本以外的參謀都出去參加宴會，因此他便把在看家的司令部附川越守二上尉喊來聊天。此時，以前就得知河本的計劃，並希望參加的川越，遂繼東宮之後，成爲他們的同志。同時河本又說，他將處分他在其故里兵庫縣篠山之最低限度值兩萬元的不動產，分給他們三個人，以爲受到退伍處分後的生活費用。

河本出身富裕家庭，相貌魁偉，有點不像軍人，年輕時就不愁錢用，玩得令陸軍省人事當局特別注目；高興時，且會教教鄉下藝妓唱唱小曲。在另一方面，河本的心底，却野心勃勃，大事批評陸軍當局的軟弱，對於討厭者，他肆無忌憚地予以痛斥；腦筋又好。所以人事當局敬遠他，他雖然是陸軍大學出身，但却擔任過兩次大隊長，這是很少有這種例子的。這種外柔內剛型的河本，遂以東宮和川越爲其助手，準備主演炸死張作霖的戲劇。

當發生郭松齡叛變事件時，違反中央的方針，獨斷專行「援張」的關東軍，爲什麼一變而爲「炸死張作霖」呢？這是連關東軍司令官都不知道的一個參謀的獨斷獨行嗎？

北伐

由於關東軍司令官白川（義則）的支援，而在最後關頭倖獲勝利的張作霖，遂於一九二六年四月，率奉天軍喜氣洋洋地揮足北京，與昨日的敵人吳佩孚會面，並決定合作，於是華北的政權和軍權，便落在張作霖和吳佩孚之手。

但是，這個聯合政權的前途，自始就非常不穩。因爲南方中國革命之父孫中山先生於前一年逝世後，中國國民黨繼承他的遺志，在蔣介石先生統率下組織「國民革命軍」，於一九二六年七月開始北伐，到處擊潰北軍，受到厭倦軍閥混戰的中國人民的歡迎。吳佩孚、孫傳芳、張宗昌等華北軍閥，雖推張作霖爲總司令，組織安國軍，以爲應戰，但還是阻止不了國民革命軍的進擊。

雖然如此，張作霖於一九二七年六月就任大元帥，爾後在北京整整待了一年。這是由於當時國民黨清共，一時中止北伐所導致。開始北伐的國民黨，是一九二四年孫中山決定「聯俄容共」政策當時的態狀，內部有許多共產黨員，他們跟國民黨左派合作，握着部份國民黨的領導權。因此隨北伐的進展，同時在其佔領地區展開強烈的勞工運動和反帝國運動。從而於一九二七年三月發生「南京事件」，殺傷日本、英國、美國、法國和義大利的僑民，搶奪其財產，同年三月，在漢口和上海也發生過類似的事件。於是蔣介石先生遂於一九二六年春天，決心清共，翌年四月十二日，以上海爲中心發起行動，驅除共產份子，四月十八日，除原有的武漢國民政府外，在南京組織反共的國民政府。

然而於同年六月間，武漢政府內部却發生動搖。換句話說，國民黨左派的領袖汪精衞開始反共，唐生智和何鍵也向他看齊，中共遵從共產國際的「七月決議」，實行所謂退出示威，脫離了武漢政府。如此一來，於八月間，第一次國共合作宣告破裂，反之，國民政府合併的機運逐漸成熟。

在另一方面，成立南京政府之蔣介石先生，後面受到武漢軍的威脅，又中斷了河南省馮玉祥的積極協助，而一時陷於困擾，更在徐州遭遇到孫傳芳和張宗昌聯軍的反擊而暫止於南京。不特此，南京政府要人中他最信賴的李宗仁的廣西派不但沒有支援他，而且還主張實現與武漢的合併，導致蔣介石先生於八月十三日下野，往訪日本。

迨至九月，武漢、南京兩個政府雖然合併了，但其內部派系鬪爭方興未艾，北伐也幾乎停頓下來。於是人們要求蔣介石先生再度出馬，蔣先生接受這種要求而由日本回國，並於一九二七年一月七日，重任國民革命軍總司令。因而於四月間，繼續統一全國的北伐，勢如破竹，五月間，逐漸迫近張作霖的地盤。

日趨惡化的中日關係

此時，對於中國的這種情勢，日本的態度是怎樣呢？張作霖於一九二二年第一次直奉戰爭以後，大量增加軍費，每年最低限度花費了五千萬至八千萬元，這個金額相當於奉天省的總收入。當時的東三省對外貿易，由於大豆、高粱、米、小米等特產品的輸出增加，自一九二〇年以後連續七年，每年平均出超三千五百萬元，這些貿易出超幾乎全部成爲奉天軍閥的軍事財源。這等於說，最低限度五千萬元軍費當中，三千五百萬元係來自這個貿易的出超，但這樣還是不足一千五百萬元。由於奉天省財政在軍事上的過重負擔，遂產生巨額的財政赤字，而爲設法彌補這些不足金額，官銀號便大量地收購特產品，大肆發行紙鈔（奉票），並加重人民稅賦。

不祇是這種「加重稅賦」等酷政，而且由於從一九二五年以後中國商人大量地減少輸入日本的綿絲布等商品，居留奉天之日本商人的買賣，也減少了三成到四成，有的商品甚至於減到五成，叫苦連天。與此同時，張作霖在東北確立其權力的過程中，逐漸由依靠日本而走向獨立自主的道路，因此在中日兩國之間引發許多的難題。譬如對於日本基於一九〇五年北京會議的約定再三所提的抗議，張作霖置之不理，並於一九二七年建設與滿鐵併行的打通鐵路和海吉鐵路，俾打擊滿鐵。他又拒絕日本希望在奉天省帽兒山設立領事分館的要求；更禁止日人在奉天所經營華文報紙「盛京時報」的發行。

隨着在滿洲之中日關係的惡化，當地日人便大叫張作霖侵犯其權益，日本國內輿論也隨之轉而強硬。日方輿論的改變，即時反映於中國，在奉天以東三省外交後援會為中心展開排日運動，一九二七年九月四日，大約兩萬人的學生和工商業者舉行遊行示威，大喊「打倒田中內閣」、「打倒帝國主義」和「取消二十一條」，散發排日傳單。其聲勢之浩大，終於使張作霖不得不發出嚴禁示威運動命令。

搖擺不定的田中外交

在日本，於一九二七年四月二十日，政友會總裁田中義一奉命組閣，以取代若槻禮次郎的憲政會內閣。由之外相幣原喜重郎的協調外交倒臺；新內閣由田中義一自兼外相，政友會的掌權者森恪出任外務省政務次官。若槻內閣垮臺的原因是，處理金融恐慌失敗，和幣原外交不能解決中國問題。因此，有些人便期待新內閣對中國採取強硬外交，但有些人却躭憂新政府會走上極端道路。

田中對中國外交最早的試探氣球是兩次出兵山東。第一次是一九二七年，第二次爲一九二八年，都是藉口保護日僑之名，派遣若干兵力迫近濟南，實則意圖阻撓北伐。第一次的時候，因爲蔣介石先生的下野和北伐事實上的停止而撤兵，可以說是政略出兵的典型。但第二次時却在濟南，因蔣介石先生的國民革命軍與日本的第六師團發生衝突，引起濟南事件，而且於停戰以後，日本竟又向中國提出强硬要求，因而在國際上甚受非議。

另一方面，對於張作霖的評估，田中義一的判斷也缺乏一貫性。譬如一九二六年北伐開始時，田中曾向駐華日本使領館長電告擬剷除張作霖，另行支持楊宇霆的意見，而受到他們的反對。可是迨至一九二七年，他却改變態度，轉而支持張作霖。這似與同年五月，張作霖接受滿鐵總裁山本條太郎所提示的「簽訂五鐵路建設契約」有關。

勸告張作霖出關

田中外交正在這樣搖擺不定的時候，關東軍已完全放棄支持張作霖。一九二八年四月二十日，關東軍以參謀長齋藤恆少將名義向東京的陸軍省建議：如果奉天軍或北伐革命軍的武裝部隊意圖出兵關外，關東軍將卽刻調軍進駐山海關或錦州附近，以阻擋奉天軍或革命軍進入東三省。

關東軍的意圖是：一方面想瓦解奉天軍的勢力，同時脅迫張作霖下野。但如果這樣明講，陸軍省是不會點頭的。因此他們便以僞裝中立姿態，伺機蠢動。

同年五月中旬，張作霖決心迎擊北伐革命軍，但其敗北卻祇是時間的問題。所以日本政府遂於十五日的閣議，就這個事體討論其根本對策。所有閣員雖然都一致認爲滿洲的事已經到達需要下重大決心的階段，但卻未能決定其具體的手段。隔天又召開閣議再行討論，勉強決定「有關維持滿洲（東三省）治安措施方案」，卽時對張作霖和蔣介石先生提交下列備忘錄：

「由於中國多年來戰亂的結果，一般國民的生活陷於非常不安和困憊，居住中國的外國人也不能安居樂業，因而大家都熱望中國早日結束戰亂，出現和平而統一的中國。尤其是中國的鄰邦，跟中國具有重大利害關係的日本帝國更希望如此，可是今日戰亂卻將波及京津地區，滿洲亦可能受其影響。維持滿洲的治安爲日本帝國一向所重視，因此帝國政府將極力阻止擾亂該地方的治安，如果戰亂進展到京津地區，其禍亂將殃及滿洲時，爲維持滿洲的治安，帝國政府將不得不採取適當而有效的措施。」

這份「外交備忘錄」，當日就電告北京的日本公使芳澤謙吉。芳澤於十七日下午十一時往訪張作霖，遞交備忘錄時，恫嚇他卽刻撤回關外；並說，如果想避免被關東軍解除武裝，撤退實屬刻不容緩。對此，張作霖回答說，如果他失勢，東三省將被赤化，從而對日本將發生重大的影響。他又說，他離開北京以後，如果馮玉祥要掌政權，他「死也不願撤回。」如此這般，芳澤與他週旋四個小時，但沒有得到結論。可是，除日方的嚴重警告外，由於戰況日趨不利，加上他的兒子張學良和他的第一親信楊宇霆從旁相勸。至此，張作霖之撤回關外，已經不是他個人的反對所能左右的了。

這時，川越上尉發覺東宮上尉可能錯認第五夫人的列車爲張作霖的專車，而錯按電鈕，因此趕緊前往現場，告訴東宮，下午十一時左右將要通過的黃色七輛車是第五夫人的列車；慢它五、六個小時，二十輛車廂的蔚藍色者才是張作霖的專車。明白了情況以後東宮對川越說，他們已經完成一切準備，亦卽殺死兩個中國「苦力」，其屍體放在現場附近，其中一具屍體身上帶着密書，另外一具屍體身帶蘇俄製炸彈，以便令人判斷爆炸是他們幹的。回程時，川越以汽車巡視了瀋陽車站和奉天城裏，確認中國步哨的警戒並不怎麼嚴密。

隨卽被派在奉天西北西大約六十公里之新民屯的神田泰之助和武田丈夫兩個中尉，利用領事館的直通電話，報告第五夫人的列車通過的情形。在政情不安的中國，要人的旅行，在途中常常變換其列車的編組，惟從新民到奉天的每個車站，由於其月臺都很短，所以不可能從事這種作業。因此在新民的監視最重要，這兩個中尉就是因爲這種理由而派來的。

繼而從山海關也來電話說，張作霖的專車業已通過山海關，它到達奉天的時間將爲四日上午五時至六時，張作霖的武將吳俊陞和顧問嵯峨少校是同車。六月的滿洲，上午五時已經天亮了。若是，這與當初「乘夜陰……」的計劃有出入。於是川越與河本商量後，又乘汽車到東宮處，問他天亮是不是也要幹。東宮祗說一句話：「箭已離弦。」川越很高興，回來時又巡察瀋陽車站和奉天城，確認中國方面的警備狀況還是一樣，爾後回到瀋陽館，向河本報告後就寢。

六月四日關東軍司令部

六月四日凌晨五點二十三分，從肇事地點的方向傳來了很大的爆炸聲音，隨卽有幾十發的機關槍聲。誰都知道這不是普通的聲響，尤其是奉天的關東軍首腦們，聽到這些聲音後，自各有各的感觸。因爲爆炸聲音驚醒而直覺「眞的幹了」的，可能是關東軍司令官村岡長太郎中將和參謀長齋藤恒少將。

對於這次的謀略，他們完全是局外人，但由於事前河本參謀慌忙的行動，和林久治郎奉天總領事之含有抗議意味的情報「軍方在計劃要謀殺張作霖」，因此他們一定知道謀略的大概。本來，他們早已獲得對日本，張作霖的存在是有害無益的結論，並會決心要在山海關或錦州，解除要同來滿洲之奉天軍的武裝，以實現張作霖的下野。炸死張作霖，可以說是河本所想出因田中首相的反對而流產的張作霖下野計劃的代案。所以我認爲，河本與這兩個長官之間，就這件事，當有默認中的諒解。

對於這個爆炸，覺得最得意的當然是河本和川越。這時深覺意外的役山政義參謀，即時跑到正在假裝睡覺的川越房間，對川越大聲喊說：「你沒聽到那個爆炸聲音嗎？那機關槍聲一定是中國的，趕快去報告軍司令官，請他命令緊急集合。」川越遂到軍司令官寢室，如此呈報，村岡軍司令官祇說一句話：「好」。由此我們也可以知道村岡的內心。（惟不久槍聲就停了，因此遂取消緊急集合。）

炸死張作霖

肇事地的爆炸作業做得很順利。東宮上尉按電鈕按得很準，亦卽炸藥在張作霖所坐的展望車，及連接其後面的餐車中間發生爆炸，並燒起來。展望車祇剩下車輪和車床，其他的車頂、窗子等都被炸飛了，看來好像條失事的破船。惟由於爆炸時列車的速度在十公里以下，所以車輛沒有橫倒，後面車廂也沒有騎上前面車廂，而祇往西南傾歪而已。張作霖負重傷，因而卽刻被送到城裏，對他只發表「負傷」，迨至十九日正式公開其死亡以前，沒人知道他的生死。這是奉天省長臧式毅深怕因爲這個事件引發中日兩軍的衝突而採取的措施。當日在瀋陽車站，爲迎接張作霖，日本軍人荒木五郎所率領的奉天軍模範隊，與吳俊陞的黑龍江軍對峙着，爆炸後，奉天的警戒兵隨時亂開機關槍。同車的吳俊陞，在快看到他軍隊的稍前死去（他也發表負傷）。嵯峨少校的衣服雖然破得很厲害，但奇怪得很，他却一點也沒有受傷；他隨卽換上軍裝，跑到奉天特務機關，憤慨地說：「眞是亂來。」

關東軍的「證言」

各方面雖然懷疑關東軍，但關東軍一直否認殺死張作霖。譬如六月七日，則以齋藤參謀長名義，向畑英太郎陸軍次官打出如下的電報，對陸軍中央假裝不知道。由於它充分說明了當時關東軍的態度，所以特把其全文錄之如左：

㈠從三日晚上到四日早上，交叉點附近我方守備的警戒部署，以當時有便衣隊潛進來的風聞，故將其兵員隊長以下增加到十六名，警戒方法亦與平常沒有什麼兩樣。該分遣隊位於交叉地點南方大約兩百公尺鐵橋堤上的分遣隊所（這是貨物失盜，事故最多的地點），為警戒或柳條溝與奉天之間大約四十公里，派遣線路巡察，而為直接警戒交叉點附近，以配置在分遣所前面展望臺上的步哨，白天主要的以展望，夜間以動哨來監視。事件當時，因天已亮，故由展望臺上監視。又該交叉點橋樑的長度祇有十多公尺，從軍事觀點來看，並沒有多大價值，因此日軍並不太重視它。但中國方面因他們的大元帥要通過這個地點，而且深怕日軍阻止其通過（當時中國方面非常躭心日軍要解除他們的武裝），因而懇求要警備這個地點。日軍以沒有理由拒絕它，於是互相同意日軍警戒滿鐵線，中國軍擔任其下面亦即京奉線的警戒。當時中國方面感謝日方的好意，非常放心，惟因中日雙方士兵的位置極其接近，深怕夜間發生事故，因此特請派遣與中國憲兵面識的日本憲兵，我方憲兵人數雖然很少，但仍派出三人，爲避免彼此的誤解，往還於我分遣隊與中國憲兵之間，專任聯絡。

京奉線中國方面的警備，在皇姑屯、瀋陽車站間大約一英里，配置有騎兵和憲兵五十名左右，在交叉點，有金中尉以外幾個中國憲兵。而爆炸的位置是滿鐵線橋樑下面，從中國方面可以親眼看到，但日方則需下堤防，進入中方的監視區域始能目擊，由於中國軍在監視，因此沒有特別去檢查橋樑下面。

㈡關於爆炸的原因，炸藥似使用相當多的數量（最少有二十公斤左右），所以不是投擲的，而可能裝在列車上面，或橋樑下面，如果裝在橋樑下面，則不是與中方警戒有聯絡的，就是中國方面的警戒事實上不够嚴密而爲人所乘，其非裝設在橋樑上層，看其破壞後的狀況就可明白，總之屬於中國方面應該監視的範圍。又，張作霖列車的開法，與一般的非常不同，它有時候開得很快，有時候很慢，讓日方無從知道它的通過時間，更無法得知張作霖究竟坐在那一輛車的什麼位子，所以當時日方祇有判斷三日夜十二時至二時左右已經通過該地點；除非與中國方面，特別是與張作霖的身邊者有聯絡，否則不可能這樣凖確地予以爆炸。

㈢此地日人很恨張作霖，因此有這是日人叫人幹的說法，所以特別請能交涉厲行報紙消息的事前檢查。

由於上述第三項的要求，日本報紙均報導說「可能是南方便衣隊所幹」。對於南方的國民政府，日本駐上海的總領事矢田七太郎於十八日上午遞交同樣的備忘錄。同月廿九日，國民政府針對該備忘錄提出書面抗議，但說明完成北伐後並無進軍關外計劃。

關東軍由陸軍省得知「措施案」的內容，是在十八日的下午二時，這個「措施案」雖然不能完全滿足他們的意願，但他們在四月二十日所建議的意見却幾乎全部爲中央所接受，因此決心藉詞出兵錦州擴充日人勢力範圍。問題是要即時開始行動，還是等到奉勅令纔開始行動。

事實上，關東軍的戰略目的，在於阻撓張作霖之折返東北，並且深怕國民革命軍在完成北閥之後，繼續進軍關外。因此，他們一方面藉口進兵錦州，同時也藉暗殺張作霖來瓦解其武裝勢力。如今，南京的國民政府雖然對日本政府充滿傲慢口氣的外交備忘錄提出嚴重抗議，但在附帶說明中的不進兵關外乙節，等於消除了他們的第二個疑慮。可是，關東軍擬借口進軍錦州的行動計劃，却因東京的田中義一內閣始終拿不定主意，遲遲無法實現。至此，急於剷除張作霖的關東軍，只有訴諸最後的唯一手段——炸死張作霖，以阻撓他率軍逃回關外。

關東軍的上校高級參謀河本大作，似乎自一九二七年十二月初左右就企圖殺死張作霖。為要試驗，於一九二八年初，他與川越守二上尉和北滿的土匪頭子中野某策劃，相隔一個月，爆炸了東清鐵路的東部和西部線的鐵橋（但沒有炸毀列車）。他們的主要意圖是，想藉它來觀察中國、蘇俄和日本的反應。果然，爆炸的第二天，這些國家的報紙便競相報導它，對於東部線的爆炸，它們報導說，是哈爾濱的張作相或者白俄羅斯人為反抗張作霖的酷政而幹的；對於西部線的爆炸，有人則認為是齊齊哈爾的吳俊陞幹的，而沒有人懷疑日人和日軍。由此，河本等發現許多人反對張作霖，同時認為偽裝中國人來殺死張作霖並非不可能。

五月中旬左右，在大石橋賣煤炭和滑石的伊藤謙三郎曾往訪關東軍的齋藤參謀長，並向他建議此時應以激烈的方法來打開局面。由於齋藤不大積極，因此改訪河本參謀，問他對時局的看法，河本答說：「為了國家，我覺悟犧牲。」伊藤向河本坦白說出他計劃擁護吳俊陞以取代張作霖，並徵得河本的讚同。伊藤估計張作霖將於六月十四日左右回到奉天，並正在設法要殺死張作霖的時候，張作霖卻突然提早於六月三日回來，所以趕緊去勸告吳俊陞，但吳俊陞沒理他，因此這個計劃終於流產。根據伊藤的說法，他也曾經徵得吳俊陞和張景惠的諒解，但他的話是不可靠的。

於是伊藤遂向河本建議第二個計劃，擬在滿鐵和京奉兩線的交叉地點爆炸張作霖的列車。河本說，對這個計劃他雖不能出錢，但如果要爆炸，需要雇用四、五個中國人，因此伊藤答應爲他介紹。伊藤找曾任吉林軍馬營長，當時爲奉天附屬地妓舘區出資匿名公會會員的劉戴明幫忙。劉戴明找來了他以前的部下，又是吸嗎啡的兩個遊民和王某一共三個人。這三個人各得一百五十元，於六月三日晨早洗澡和理髮，換好衣服後被帶到伊藤的地方，這時王某逃亡了。

伊藤等告訴剩下的兩個人，他倆的任務是要投擲炸彈以爆炸列車，並交給他們三封信。其中兩封信是劉戴明所寫假的南軍的炸燬命令，另外一封信是使用印有當時國民政府任命的直隸、山東、河南三省的招撫使，刻在滿洲策劃此事而爲人們注目的凌印清名字的信紙，某人寫的密書。根據以後的調查，這個信紙很可能是與日本浪人有來往的王清一出偷來的，但都不是凌印清、劉戴明和王清一的筆跡；它是作者不明的一封信。完成準備以後，這兩個遊民在瀋陽舘被交給河本，河本用汽車把他們送到肇事地。在那裡，東宮上尉下令刺死這兩個人，並令他倆抱着準好的炸彈，其屍體被遺棄在現場，以爲關東軍謀略的僞裝品。

箭已離弦

對於張作霖來講，他當然很不願意撤回奉天，但眼看戰況的現實和日本不二的決心，他自然明白自己不可能再留居北京。六月一日下午，張作霖邀請駐北京各國使節告辭，三日凌晨，以最後之大元帥的威容，在軍樂隊樂聲中，搭乘專車告別了北京。

親眼看到張作霖離開北京的竹下義晴中校，即時電告關東軍司令部說，張作霖於將其第五夫人送上七輛編成的專車開車五、六小時後，搭上二十輛編成的列車，由日人顧問町野武馬和嵯峨誠也少校陪同，往奉天出發。沒多久山海關的石野芳男上尉報告說，第五夫人的列車已經通過了山海關。竹下和石野，都是爲負責這個諜報任務而特別被派遣到北京和山海關的。另外，天津軍司令部也通知說，張作霖專車過了天津，和町野顧問已在天津下車。毫不知情的張作霖，邊念放棄華北的不甘，而邊往爆炸地點走去。

滿州某重大事件的責任

但是，與此同時日本報紙也報導說「奉天的中日形勢險惡」，以暗示這個事件是日本的陰謀。爾後，關東軍的强辯亦日趨露出其馬脚。

譬如當天中國方面對於警備分擔的主張是，由中國方面向三谷淸憲兵分隊長提出要求，希望中國憲兵有時候能到鐵橋上聯絡，對此，三谷雖然也曾經答應，但中國憲兵於三日晚上想這樣實行時，却突然以軍司令官的命令遭受到拒絕的。中國方面又主張說，正因爲炸藥數量很多，所以更能證明決非中國的便衣隊所能做到。

僞裝用的中國游民當中，王某之逃掉，對關東軍是件很頭痛的事。因爲他很可能去充當中國方面的見證人。不特此，游民們去洗澡的澡堂老板，也證實這兩個人的確是前一天晚上到他澡堂去洗澡的人。至於死人所帶的炸彈，根據正在奉天的在野黨民政黨議員的調查結果，是奉天的三谷淸憲兵分隊長在當地的舊道具店買的。

迨至九月，陸軍中央特派峯幸松憲兵令司官，前往調查關東軍各部隊所保管炸藥的出納狀況。用於炸死張作霖的炸藥，是川越上尉在旅順工科學堂講授火藥課程時，以實習的名義由關東軍兵器部拿出來的，惟由於某種原因停止實習，因此關東軍自不歡迎調查。峯被關東軍委婉地拒絕調查，而很失望地回到東京，但這使陸軍中央對關東軍沒有好感却也是事實。

奉天林總領事，對於中國游民被刺殺的時日，起初奉天特務機關和領事館警察說是三日下午十一時左右，後來關東軍司令部發表爲四日上午三時半；警備責任者東宮上尉，在展望臺聽到爆炸聲音，沒有卽時到肇事地等等，指出其矛盾。

如此一來，關東軍的假裝不知道，遂逐漸暴露其眞面目。及至一九二八年九月二十二日和十月二十三日，田中首相下令召集外務、陸軍兩省和關東廳的負責人於外務省，追究這個事件的眞相。

與此同時，第三國家對這個事件的非難日趨高漲，日本國會更以「滿洲某重大事件」的題目猛追內閣的責任，天皇因之不信任田中，從而導致田中內閣的倒臺。本爲張作霖支持者的田中，竟因反其意志而行的炸死張作霖而垮臺，眞是歷史的諷刺。

事件後，於一九二九年五月十四日，河本大作受到退伍處分。是卽河本一個人負了炸死張作霖的直接責任。但如果從它是關東軍全體所主張，解除奉天軍武裝和張作霖下野的代案，且得到村岡司令官和齋藤參謀長以下許多幕僚默認這個結論來看的話，炸死張作霖可以說是整個關東軍所搞的。反之，以田中首相爲首的閣員們，甚至於裏頭可能有贊成關東軍份子的參謀本部，他們雖然都虎視眈眈着侵略中國的機會，但却都不能苟同關東軍炸死張作霖的行爲。

我們如何計劃發動九一八事變

花谷正

一

遠東軍事法庭，把太平洋戰爭的爆發追溯到九一八事變。事實上，柳條溝事件的炸聲，爾後引起連鎖反應，而演變爲不可收拾的大規模戰爭；不過從現在回想起來，九一八事變如果按照我們當初的構想處理的話，歷史發展的方向或許跟今日有些不同。

我認爲，當時發動九一八事變，無論就時機和方法來講都是正確的。

那時，形成擴張主義乃是世界的一種必然，日本如果沒有東北，則不可能生存下去，不特此，如果置之不顧的話，爲張學良及其背後之南京政府的排日，日本很可能失去其在大陸的脚手。面臨世界情勢的危機，日本應走的道路，實唯有將東北從中國本土分離。日本深信：爲在水深火熱中的滿洲人建設王道樂土，是安定東亞的最好政策，完全無意與中國本土從事毫無止境的戰爭。

對於九一八事變之爆發點的柳條溝事件，除我以外幾乎沒人能談，因爲有關者大多去世了，而且迄今爲止，雖然有人推測，但却沒人談過這個事件的眞相。現在，我根據我的記憶，來回顧當時的實際情形。

二

我於一九二八年八月前往東北就任關東軍參謀，這是張作霖被炸死後兩個月的事情。再經過兩個月後，在原莞爾中校前來擔任作戰主任。發動九一八事變的中心人物當然是石原，而我自己，迨至九一八事變，除中間離開一年外，我跟他接觸、共事過，所以對他的爲人也很清楚。石原是第一流的軍事學家，年青時就研究普魯士國王和拿破崙戰史，這時他已經具有站在軍事學上的世界觀。

他的日蓮宗敎色彩雖然很濃厚，但他總是一個思想家，因此在當時的日軍裡，他是個非常特別的人物。他的私生活很檢點，年青時怎樣我不知道，但在當時他是從不嫖或出席宴會的。他的短處是，大概比人家看得遠十年或二十年，因而所說往往會令人覺得離奇，不切實際，甚至被人家誤解。

但是，他決非夢想的理想家，祇要策定了週密的計劃，他便如閃電一般，全力付諸實行。九一八事變最初的作戰，據說曾爲世界軍事學界另眼相看。

我到達東北以後不久，炸死張作霖的眞相漸明，河本（大作）上校被召回東京審問，因之當地的情勢很不穩。

爲了調查眞相，峯（幸松）憲兵司令於十月左右前來東北，惟因關東軍不肯協力，而毫無所得。回國途中他落脚朝鮮軍，向軍司令訴苦，於是軍司令召集中隊長以上舉行晚餐會，在這席上閒談時，由從事爆炸工作之龍山工兵隊的神田（泰之助）中尉等，聽到當時狀況的說明纔得完成其使命。

本來，河本上校是想乘炸死張作霖的機會佔領東北南部的，但沒有成功。那時如果成功，九一八事變或許已經爆發於此刻。不但如此，東三省的新統治者張學良卽時易幟，高擧青天白日旗，與南京政府呼應，出於排日姿勢。由之東北的情勢更日益惡化。與此同時，蘇聯開始着手其第一次五年計劃，逐漸充實其戰備，勢將成爲日本在遠東的最大敵國。因此石原特別留意蘇聯國力的進展。是以建設「滿洲國」的最大目的，乃在於要建設堅固的防止共產勢力南下的防波堤。

炸死張作霖事件告一個段落的前後，板垣征四郎上校前來接任高級參謀的職務。板垣的性格與石原很不相同。他雖然不是才子型的人，但却富於容讓人的雅量，堅忍不拔，是個苦幹起家的領袖型的人物。老實說，板垣的實力和石原之週密計劃的結合，發動了九一八事變。

爲着研究如何因應日趨惡化的當前東北局勢，我們每星期在旅順偕行社集會一兩次，就這個問題交換意見。

而爲其開端的是一九二九年七月，畑英太郎中將（畑俊六元帥的哥哥）繼村岡（長太郎）軍司令官之後上任的時候。此刻我們請敎了新軍司令官對於滿蒙問題的見解，確認了他對它有充分的理解。當天晚上，我們三個人碰面，熱烈討論了當前的滿蒙問題，並一致同意石原所提的意見：「利用這個幽靜的環境，從世界局勢和滿蒙的狀態來研究我們應該採取的態度和方法。爲此，我們是不是在偕行社每週集會一兩次，開誠布公，互相討論，不清楚的地方，則請敎專家，加強祗調查中國馬匹的調查班，令其做更高度的研究。」從此以後，我們三人，便每星期見面，互相研究。

我覺得，新的滿洲，應以日人爲中堅，令其擁有雙重國籍，以建設各民族共同的王道樂土。

日滿是不可分的，我希望她們成爲有如日月的關係。此時，日人從事大規模的企業和智能事業，朝鮮人種田，中國人做小生意和做工，各盡所能，共存共榮。既然要拯救被壓迫的滿洲人，以建設王道樂土，自不許日本大資本家的橫暴。

我們一直堅持不許財閥揷足滿洲的想法。日產康采恩之所以進入東北，是因爲他們容許一般民衆購買其股份，不過是引進他們經營技術而已。

迫至一九三一年，我們的計劃加速地具體化起來。張學良的排日，愈來愈兇，連小學生的上下學都成問題。而且，經濟大恐慌亦波及東北，東北的穀價隨之大跌，農民陷於塗炭之苦；張學良所建設的併行鐵路奏功，滿鐵因之大出紅字，許多因爲張學良的種種「壓迫」而不能生存的日本人，陸續悄然離開了東北。

三

一九三一年春季左右，我們擬好了柳條溝事件的大致計劃。要製造其發動性時機並不難，問題是如何處置善後。我們擷取炸死張作霖事件時候的教訓，做了非常週密的計劃。現在來回想，即當時的時機並沒成熟。因爲祇殺了一個張作霖；爾後並無任何行動。跟中央既完全沒有聯絡，國民也不大關心滿洲問題，大家的步調都不一致。

由於運用浪人和中國的無業游民，因而被人家識破這是日本陸軍的陰謀。下次絕不能再犯這種錯誤。是即一發生事件，應該以迅雷不及掩耳之勢出動軍隊，一夜之間佔領奉天，在列國還沒出來干涉之前，很快地佔領預定地域。當然，我們還得注意政府和駐滿外交官的干擾，要迅速行動，否則什麼也做不成。

因此，必要時得忽視中央的命令而行動，而爲支援關東軍，如果能爭取中央的中堅軍官爲同志，令其由內部協助，橋本（欣五郎）一派在國內如能同時擧行政變，則更爲理想。除此之外，尤其需要朝鮮軍的適時增援。

好在朝鮮軍參謀神田正種中校對滿蒙問題很有經驗，並非常同意我們的計劃，答應需要時將予我們以支援。應石原之邀，在事件之前，神田曾經訪問過旅順三次左右。神田原是（參謀本部）蘇聯班出身的，在哈爾濱特務機關待過，是個蘇聯通，他來到朝鮮軍以後，得知朝鮮的局勢比其所想像者還要壞而非常驚愕。朝鮮人的排日空氣早已貫徹到小孩，所以日本人單身在鄉下旅行是危險的。這是由於滿洲的排日傳染的結果，因此站在朝鮮軍的立場，九一八事變是需要的。

我們初次提出計劃的時候，朝鮮軍司令官是南（次郎）中將，神田覺得南不敢獨斷越境，表示有疑問；但林（銑十郎）中將來了之後，神田却說林很有理解，計劃可以進行。

在中央，當時由（參謀本部）第二部長調任第一部長的建川（美次）少將，由於有張作霖事件以來的經緯，所以最可靠。二宮（治重）參謀次長因爲太精明，因此不大可靠。可以無條件信賴的是中國課長重藤千秋上校、中國班長根本博中校，和蘇聯班長橋本欣五郎中校三個人；永田鐵山軍事課長也能够信任。如果要用數字來表示我們對他們把計劃說明到何種程度的話，橋本、根本爲九五％，建川、重藤九〇％，永田八五％，小磯（國昭）和二宮五〇％。

六月左右，爲要跟他們做大致上的洽商，我回到了國內。我跟橋本和根本商量時，他倆很熱心於國內的改造，並認爲如果發動九一八事變，國內的改造更容易推行，不過橋本是改變第一主義，主張先行政變，結論是十月前後同時進行。但他倆並沒有特別問起詳細的爆炸計劃等等。

八月間召開師團長會議（卽師長會議—譯者），南（次郎）陸相對滿蒙問題表示積極意見而輿論譁然。此時關東、朝鮮、臺灣各軍司令官也皆出席，板垣隨從本庄（繁）新軍司令官，神田陪着林朝鮮軍司令官到東京。

在這前後，發生前往興安嶺方面調查地誌的中村震太郎上尉被殺事件，和萬寶山事件，滿洲的空氣由之愈趨險惡，而實行計劃的時日亦愈迫近。八月下旬，我奉命同東京向中央報告滿洲的現狀，以加强中央的認識。我以奉天特務機關助理的身份，與張學良的當局，就中村事件一再進行交涉，但問題却一直惡化下去。因此，我便利用這個機會，再度試探中央對採取行動具有何種意見。

我跟二宮、小磯、建川和永田分別交換意見，尤其對二宮和建川特別說：「如果這樣下去，不久的將來，中日兩軍非衝突不可，所以請您們想想那時的對策，但衝突時，當前的處理請交給關東軍。關東軍會愼重考量國際情勢而行動的，因此請不要干涉細節。」並就發動戰爭的時候，是不是要局限於「南滿」，作戰的時期，所需軍隊的數量、轉移外交交涉的時期、對於在北京之張學良的處置等等交換意見。他倆對我言外之意，似已瞭解，因而對我約定說：「政府要出於何種態度我們不知道，不過爲貴軍之貫澈主張我倆將儘最大的努力。」

然後與橋本和根本見面，我說：「我們已經完成了準備，並將照預定幹。」根本勸我延期說：「現在的話，國內恐怕很難支援你們的計劃。尤其是在若槻內閣之下很難搞，最好等到新內閣誕生以後。如果太急，則祗有叫本庄犧牲而已。」我說：「現在不能等了，因為箭已經離了弦。」而回到東北。

四

若是，第一線的計劃，究竟進行得怎樣呢？本庄新軍司令官到任於一九三一年八月。本庄雖然是新的軍司令官，但在中國問題方面他却是老前輩，他的性格穩重，是名實相符的將材。

在這樣重要的時期，由他出任軍司令官，實在很適當，中央人事當局，一定經過再三的考慮，纔做這樣決定的。

對於本庄，我們沒有說明細節；而根據我們平常的觀察，我們認為有事時，他必定很可靠。對於三宅（光治）參謀長以下幕僚的大部份，我們沒有告訴這個計劃。

爆破工作，分給四月間出任張學良軍事顧問（柴山兼四郎少校）助理的今田新太郎上尉去做。今田是漢學家的兒子，精通劍道，純精無比，富於正義感。

爆破工作如果委諸老百姓去做，則很容易暴露其內幕，所以最好是使用軍人，加以爆破之後，既然要即時召集軍隊開始行動，自不得不對駐奉天部隊的中堅幹部洩露秘密。於是一個一個地令其喝酒。並讓他說其愛說的話，以選擇同志。

如此一來，選擇了川島（正）上尉、小野（正雄）上尉（均爲奉天獨立守備步兵第二大隊的中隊長）、兒島（正範）少校（同大隊附）、名倉（栞）少校（駐奉天二十九聯隊大隊長）和三谷（清）少校（奉天憲兵分隊長）等人，加上甘粕正彥預備上尉，和田勁預備中尉等來協助。由於我們完全沒有告訴島本（正一）大隊長，因此發生事件的那天晚上，他一定覺得莫明其妙，晴天霹靂。

在另一方面，與發生事件的同時，爲要在滿鐵沿線各地投擲炸彈，製造社會不安，以此爲理由，令領事請求救援，以便陸續出兵，甘粕正彥等則前往負責策劃這項工作。而九月十八日後在哈爾濱、吉林等地發生的此類事件，就是由甘粕等人導演的。

和田勁負責利用生活有問題的浪人和青年，來從事現場附近的警戒和聯絡。資金從國內，經由河本大作的手滙來，所以沒有太大問題。

五

我們原來預定於九月二十八日炸燬鐵路的。以爆炸聲音爲信號，裝設在奉天營房（步兵第三十九聯隊）內的二十八公分要塞砲，將砲轟北大營的中國軍營房。與此同時，駐奉天部隊將進行夜襲，以佔領奉天。

本來，這門要塞砲並不裝設在這裡。那年春天，永田軍事課長來東北視察時，我們以「關東軍總兵力不過一萬人，張學良軍素質雖然比較差，但却有二十二萬人左右，加以他們擁有以由法國輸入者爲主的三十架飛機，我們連一架飛機也沒有，奉天更沒有一門重砲，一旦有事，眞是束手無策。」因而從旅順要塞把這門大砲搬運來。

如果說要裝設重砲，大家會開始緊張，因此藉挖井的名義，把周圍圍起來，令外邊的人不知道有什麼東西。可是慢慢地似有人得悉大砲的存在。領事館方面更一再地前來刺探。不過，雖然說是二十八公分的大砲，但性能却很差，也沒有能夠操作的砲兵。

儘管如此，我們量好到大營的直距離，並自始就把它瞄準好。這樣，閉着眼睛也可以命中。我們的目的在威嚇，而不在收到砲轟的實際效果。

重砲的裝設完成於九月十號以後，但這需要時間向砲兵學習操作，和搬運砲彈。我們認爲收割高粱之後纔最適宜於作戰（因爲有高粱，不容易發現敵人）因而選定了九月二十八這個日子。

九月二十八日之所以提前到九月十八日，係基於如下的原因。九月十五日，事先聯絡好的橋本打電報到特務機關說：「計劃洩露，建川將到現場去，故趕快幹。建川到達之後，也要在聽其使命之前實行」。

日後知道，它的經過是這樣的。我們在東北的種種策劃，似由外交機構略略感到，並把這種風聞報告到國內去。

大概用錢收買的浪人，喝酒以後大言壯語，搬運彈藥和物資，我喝酒後說了些大話可能是主要原因，總之幣原外相得到這種情報，並在閣議提了出來。陸相是南次郎，他是個東洋大人般的汪洋人物，對於幣原的質問，祇做不得要領的回答。他說：「我想關東軍是不敢這樣隨便的。」對此幣原遂拿林（久治郎）奉天總領事打來的電報給南看，於是南慌忙地答說：「是否事實，我派人去調查。」南回來之後，馬上喊來建川第一部長。

對於南的問話，建川答說：「不是沒有這種風聞。」由之南說：「這怎麼可以，你去叫他們不要這樣做。」建川遂把這件事告訴了橋本和根本。由於建川的暗示，橋本纔給關東軍打了如前所述的電報。那時，橋本等中央的同志，似很緊張的樣子。當時土肥原（賢二）奉天特務機關長正由東京返任途中，十八日在漢城與神田中校會面，往奉天出發。

建川於十五日由東京動身，秘密坐火車和輪船，慢慢地前來東北，十八日下午，與前往本溪湖車站去迎接的板垣在奉天車站下車，我則從車站用車子把建川送到奉天柳町的料亭菊文。

六

在另一方面，收到橋本電報的我，便於九月十六日下午，召集全體有關人員於奉天特務機關二樓，以協議對策。

恰好本庄新軍司令官初次出巡，當日板垣和石原也在奉天。集合者有板垣、石原、我、今田，從部隊來了川島、小野上尉和兒島、名倉少校，奉天憲兵隊的三谷少校缺席。

對於要不要即時幹，彼此爭論得很厲害。我主張說：「建川帶來什麼命令還不知道，萬一為天皇的命令，我們將成為逆臣。這樣還是要幹嗎？我想見了建川以後再說吧。」反而今田却強調說：「這次的計劃，已經在幾個地方洩露了。我們應該在見建川而洩氣之前實行。」於是用猜拳決定，而服從我的意見。

可是，翌日今田又來找我說：「我們還是應該在建川到達之前幹。」我說：「跟東京配合來做比較好。」但今田却不肯聽話，因此我也終於同意，並約定說：「我負責說服建川。」而決定十八號晚上採取行動。爾後請來川島和名倉，吩咐說：「現在決定了十八號，你們的大隊要在一個晚上之內攻下奉天城。川島祗要佔領北大營就行。」同時聯絡和田勁等，要他準備動員現場附近的游擊隊。

十八日，把建川送到菊文的我，陪著穿了浴衣的建川喝酒，暗中刺探他的意向。好酒的建川，其風采是從容不迫的豪傑。但他的腦筋却非常細密，警覺力又強。他好像懂得我的意思，但却想到今天晚上要採取行動。總之，我覺得他似乎沒有意思要來阻止我們的行動。

看他喝酒喝得差不多的時候，我便回到特務機關。此時板垣也回來了。石原隨軍司令官於昨日回到旅順去，今田出去指導計劃，見不到影子。十八號晚上的月亮近乎半圓，而沈於高粱園，但滿天却都是星星。

島本大隊川島中隊的河本末守中尉，帶着數名部下前往柳條溝去執行巡察鐵路路軌的任務。河本選擇了從北大營南下大約八百公尺的地點，親自在鐵軌上裝設了騎兵用的小型炸彈，並點上火。這是十點多鐘的事情，而與轟隆炸聲的同時，被炸斷的鐵軌和枕木遂四散各處。

但它的規模却遠比炸死張作霖時爲小。因爲這次的爆炸不僅不需要顛覆火車，而且不能危害正在開着的滿鐵線列車。爲此，我們曾經請工兵計算過，知道如果是直線，就是炸斷了稍微長度的一邊鐵軌，快速的列車雖會一時傾歪，但還是可以安全地走過去。我們根據這個安全長度，決定炸彈的數量。

與爆炸的同時，透過携帶電話機馬上報告到大隊部和特務機關。在爆炸地點北方四公里之文官屯的川島中隊長，卽刻率軍南下，開始突擊北大營。

今田上尉在現場附近，直接監督爆炸作業；他不愧爲劍道的名人，突擊時親自揮着日本軍刀衝進中國軍營房。片岡、奧戶、中野等，雄峰會的浪人也都參加。

什麼都不知道而由宴會回來睡得很熟的島本大隊長，接到急報趕往特務機關，在那裡，板垣代理軍司令官對他下達命令。第二十九聯隊和島本大隊，立刻集兵參加戰鬪。

北大營的中國軍毫不知情，而且大多已經就寢，加以管理武器倉庫鑰匙的軍官恰好外出，所以大家在手無武器，束手無策之際，日軍衝了進來。與日軍串通好的中國兵也露面了。這時二十八公分重砲開始砲擊，因之大部份的中國軍敗走。如此在天亮之前，日軍佔領了整個奉天城，同時施行軍政，土肥原上校就任了臨時市長。

七

一接到爆炸的報告，我立即向旅順的軍司令部發電報。石原中校召集全體參謀，在軍司令官面前說明作戰方案，軍司令官即時裁決。

這個作戰方案是：軍司令部將於十九日早晨乘列車前往奉天，分散配置於滿鐵沿線之第二師團的主力，除守備吉林方面的長春部隊外，應迅速集中奉天。獨立守備隊在各配置地採取行動，以佔領鳳凰城、安東、營口等地，同時向朝鮮軍司令官林銑十郎中將和第二遣外艦隊司令官津田靜江少將要求支援。可是，津田司令官以山東方面的情勢不穩爲理由而拒絕集結海軍部隊於營口。爾後，對於九一八事變海軍往往採取冷淡的態度，實淵源於此時。又朝鮮軍的支援，起初好像會很順利，結果却發生了意外的障碍。

十九日上午，林朝鮮軍司令官來電報說：「爲應奉天附近關東軍之急需，朝鮮軍司令官將獨斷遣派旅團長所指揮之步兵五大隊和航空二中隊到奉天。」我們正在高興因爲神田的努力，林終於下了決心的時候，又來電報說：「派遣隊將於十時左右依次由衞戍地出發。」可是，在同一個時刻，中央却判斷東北的情勢沒什麼，而命令「將呈請允裁越境，故允裁之前不許獨斷越境。」爲貫徹這項命令，中央更電報新義州憲兵隊長，要其阻止部隊越境。由此，越境計劃遂成爲泡影。

當天夜半，由朝鮮軍來了悲壯的電報說：「參謀總長曾再三呈報意見，但派遣增援部隊事未蒙獲准。」

根據我們的計劃，本來預定二十日上午等到朝鮮軍抵達之後，將令關東軍主力北上到哈爾濱，並準備將其集結於長春，因此接到這個電報後，眞是洩氣。

隨則神田又來電報說，關東軍如果要出動吉林方面，朝鮮軍可以奉天的防備單薄爲理由獨斷越境。於是二十一日上午，我們遂令吉林的大迫機關投擲炸彈，並以保護日僑的名目，令第二師團進駐吉林。朝鮮軍由之按照計劃，令嘉村旅團獨斷越境前來奉天。

爲了要製造出兵間島方面的口實，神田更到龍井村去從事謀略，但似乎沒有成功。

由於如上所述的原因，準備「神速果敢」地佔領整個東北的我們的計劃，因爲遭遇到中央的阻碍而遲遲不前。

深怕不知道關東軍要搞什麼鬼，因而派兵務課長安藤上校來東北，質問我們說，在東京者多認爲這次事件是關東軍的陰謀；繼而月底又派來參謀本部第二部長橋本少將等駐紮奉天，以監視我們的行動。參謀本部且對我們做近乎侮辱我們的芝蔴小豆的指示。對於像關東軍這樣大的組織，是不應該有這種指示的。

佔領吉林後，我們又很想進駐哈爾濱。爲着製造出兵的機會，我們令甘粕潛往該地，九月二十一日以還，對正金銀行分行等幾個建築物投擲炸彈。效果很好，哈爾濱總領事和百武特務機關長便來電報，要求保護，因此關東軍遂再三要求中央派兵，但中央懼怕如果進兵哈爾濱，蘇俄可能不會袖手旁觀，而加以拒絕。

由於參謀總長下達了嚴格的命令：(1)不得進兵寬子城以北；(2)不許管理滿鐵以外的鐵路；(3)沒有參謀總長的指示，不得有新的軍事行動。所以這個計劃祇有暫時作罷。

迨至翌年一月，我們佔領了哈爾濱，這時我們與上海的田中隆吉少校合作而發動的上海事變着了火，由於我們乘這個動亂而行動，因此很快地完成了作戰。

以石原爲中心的我們的想法（判斷）是：關東軍縱令進兵北滿，蘇俄也不會蠢動，國際聯盟和列強更沒有實力干涉滿洲的局勢。當時，美國、英國和法國在遠東的利害是互相對立的，因而自不可能聯合起來抑制日本；蘇俄正在第一次五年計劃途中，無暇顧及西伯利亞方面。可是，若槻內閣却懼怕國際聯盟抨擊日本，軍方中央又過分高估蘇俄的實力，認爲更進一步的行動是危險萬狀的。

但如果在這裡停止的話，將跟三年前一樣半途而廢；爲了打破政府的儒弱，我們遂於十月八日轟炸錦州。這時石原親自駕駛小型飛機，向錦州的張學良軍營房投下小型炸彈。這個轟炸雖然沒有什麼大害，但它給國際聯盟的衝擊却是很大。橋本一行立刻來盤詰我們，惟我們沒給他們好臉色看，因此非常氣憤而回到國內。由於此次的轟炸，國際聯盟對日本的態度急速地惡化。這正中我們的下懷。

對於關東軍束手無策的中央，於十月中旬遣派侍從武官川岸少將前來慰問。我們以爲他要嘉獎我們，結果却於要到達的那天早上拍來電報說，陸軍大臣吩咐「據傳關東軍要獨立，但應該停止這種企圖。」我們因爲完全沒有這種想法，所以非常生氣。

日後得悉，十月事件的首謀者被逮捕時，有人所說出的謠言被人家誇大其詞，可能是其主要的原因。

八

關東軍佔領了南滿洲以後，我們便按照既定計劃，進行抬出溥儀的工作。

不過，要抬溥儀出來做滿洲的元首，並非很早就決定了的。在事變以前，我們確曾注意到溥儀，並透過居住旅順的舊臣羅振玉暗中跟他聯絡。我們所考慮的，獨立政權之首腦的條件是：(1)爲三千萬民衆所敬仰，出身世家而有德望的人；(2)滿洲人；(3)不會跟張作霖或蔣介石合併的人；(4)肯跟日本合作的人。而從這些條件來衡量，最理想的人物當然是溥儀。

起初，石原是滿洲殖民地主義者，亦卽滿洲佔領論者。及至板垣來了以後，纔贊成獨立國家論。這時，我們曾經花了大約一個月的時間討論這個問題。

石原之所以反對滿洲的獨立，是由於他認爲，從歷史看，中國人搞政治祇有腐敗，因此不如由清廉的日本人來替他們實行哲人政治；但我們却主張，民族感情（意識）不許我們這樣做，而更重要的是，日本也沒有哲人。人有神性和魔性，我們應該實施發揮人性的政治。石原贊成我們的意見之後，就非常澈底，而變成獨立國家主義者。

當時的滿洲有許多在日本國內不能糊口的浪人，所以自不能說他們够資格領導滿洲人。

不過，以滿鐵等青年爲骨幹的協和會裡頭，確有些志操高潔，純樸無邪，眞心追求五族協和，王道樂土之理想的人。因此初期的滿洲國，以這些人爲中心，委實有過清新的氣氛，但迨至勢利主義的橫行，日本國內的資本家和官僚接踵而至以還，我們的理想便雲消霧散了。

開始時，我們且豎起「不許財閥揷足滿洲」的牌子，可是一張調動命令把建國時代的同志調走了以後，唯利是圖的傢伙就把滿洲國吃得一塌糊塗了。

九月二十二日，關東軍司令部找來羅振玉，並命令他找出溥儀。羅振玉隨卽往訪清朝復辟派的實力者，吉林省的熙洽，繼而與濟南的張海鵬見面後前往天津。惟與其舊臣隱居天津的廢帝，也許因爲猜不透關東軍的意圖，所以不想動。但是，天津軍的三浦參謀却來電報說：「如果有民衆與關東軍的支持和要求，縱令犧牲其生命，我們相信宣統帝是會出來的，不過在目前的狀況下，要他卽時出馬，恐怕需要考慮。」

隨卽由於進行溥儀出廬的工作內容漸爲人們得悉，因而遂由中央來了命令說，不許參加樹立滿洲新政權，特別是抬出宣統帝的運動。

關東軍覺得如果這樣拖下去不是辦法，於是派浪人上角某到天津，與天津的步兵隊長酒井隆上校接頭，欲不分白皀地把溥儀拖出來，但香椎（浩平）天津軍司令官不肯點頭，因此無結果。

旋卽遣派奉天特務機關長土肥原上校前往擔任這項工作。十月底，到達天津的土肥原立刻展開工作，但他的行動，却卽時爲中國方面和外務省的駐華機構所窺悉。

此時外務省仍然有意要張學良當權，因此不贊成在南滿洲製造日本的傀儡政權，尤其堅決反對拖出清朝的廢帝，而希望出現自然誕生的政權。所以，土肥原遂準備在天津導演暴動，乘機帶出溥儀。惟中國當局探悉土肥原的詭計，取締將參加暴動的中國人，因此暴動的規模纔沒有擴大。在這次暴亂中，於十一月十一日，溥儀逃出天津，乘船抵達營口。

迨至若槻內閣於年底崩潰以後，中央纔勉强同意溥儀的出馬，翌年三月一日，與發表獨立宣言的同時，溥儀以執政的名義，成爲滿洲國的元首。如此一來，中央雖然反對關東軍的行動，但終究爲關東軍拖住，屢次演出其缺欠信念的失策。

我們本想連山海關也要佔領的，因而計劃在天津再來一次暴動，以便藉口出兵到萬里長城，惟天津軍不肯合作，而歸於失敗。加以爲佔領錦州而出動的部隊，因爲參謀總長的命令，而被阻止在進擊途中遼河之線。（日軍於翌年一月佔領了錦州）

在另一方面，被禁止進擊哈爾濱的關東軍，遂稍稍轉變方向，出兵齊齊哈爾方面，逐步而進，突破戰線，並於十一月十九日踏進齊齊哈爾城。

我們雖然佔領了齊齊哈爾，但却又因爲參謀總長的命令，而不得不撤退。中央最耽心的是蘇俄的動向，亦卽害怕揷手北滿洲，所以特派獲得委任日皇大權之一部分的二宮參謀次長，携帶所謂臨時參謀本部委任命令，前來試行壓力。

如上所述，爲進行九一八事變，我們曾經吃盡無以計數的苦頭；降至十二月，成立犬養（毅）內閣，荒木（貞夫）就任陸相，滿洲問題纔逐漸走上軌道。尤其是十月事件的陰謀洩露到政界以後，令政界人士覺得反對軍部有生命的危險，而失去牽制軍部行動的意志。我認爲，那個時候發動九一八事變，在時間上是很對的。因爲除費力說服國內的無定見者外，在國際上並沒有遭遇到任何阻碍。（譯註）

（譯註）：一、文中「滿洲」一詞，譯者時稱滿洲，時說東北，完全是因爲行文的方便。
二、此文是花谷的口述，所以比較散慢，花谷是當時關東軍奉天特務機關的少校參謀。

張作霖之死與楊宇霆之死

跋陳鵬仁譯「我殺死了張作霖」

高陽

張作霖之死與楊宇霆之死，有極其密切的關係；多年來我注意這個問題，對於其間的因果始末，雖有了堪以自信的瞭解，但總希望找到更多、更正面的證據，以期寫成毫無瑕疵的信史。最近得讀陳鵬仁先生譯述「我殺死了張作霖」一書，其中譯收的河大本作及町野武馬所著兩文，喚起我一種强烈的責任感，覺得我所瞭解的張、楊之死的眞相，有趕快寫出來的必要。因爲河本、町野兩文，皆有所隱，而且所隱者是很重要的部分。以我多年作考據的經驗，如想在歷史上作僞，最厲害的一著是，删除有關紀錄、隻字不提；河本、町野之所隱倘不揭發，久而久之，將成「信史」。這對任何一個以探索歷史眞相爲職志，並爲主要興趣之所寄的人來說，是件決不能容忍的事。我這篇「張作霖之死與楊宇霆之死」，即令觀點及史實尙有可供探討之處，但至少爲保存歷史眞相提供了線索；而張、楊之死，是足以改變歷史的事件，尤其是楊宇霆之死在現代史上所發生的影響，迄今尚無人加以重視，遑論作一正確的評估，使我更覺得有發覆的必要。

至今還有人不說眞話

關於張作霖在皇姑屯被炸的眞相，紀載最完整而得實者，爲梁敬錞著「九一八事變史述」（第六章第二節），及「蔣總統秘錄」全譯本（第八章）；後者稍遜於前，則以執筆者爲日本人，稍欠客觀之故。玆將被炸事件始末中，業經證實，無可爭議各點，列述如下；

六月二日：夜七時許，張作霖五夫人乘專車，自前門東站啓行。

六月三日：晨一時，張作霖離順承王府；一時十分至前門東站；一時十五分專車啓行。專車共十八輛，張作霖座車在第三輛。另加前後車頭共二十輛。同行者潘復、莫德惠、劉哲、于國翰，日本顧問町野武馬、儀我（嵯峨）誠也。張學良、楊宇霆、孫傳芳在車站送行。

六月三日：清晨，抵天津，潘復及町野武馬下車；常蔭槐上車同行。

六月三日：下午，車至山海關，吳俊陞前來迎接，列車重組後，張作霖坐車改在第四輛。

六月三日：下午十一時左右，張五夫人專車過皇姑屯。

六月四日：上午五時二十三分，專車過皇姑屯站，至南滿路與京奉路立體交叉點下，發生爆炸，吳俊陞當場死亡；儀我誠也受輕傷；張作霖受重傷，延至上午十時，不治而死。

有了這些對事實的初步瞭解作基礎，才可以提疑問、求解答、作研判。先談一個近年發生的疑問，「傳記文學」六十六年十月號（總一八五期）的「每月專題人物」爲張作霖；座談會中「王奉瑞先生發言」紀錄：

張雨帥之死，這是中國現代史的一個重大事件。那時我是京奉鐵路（後稱北寧路）局長，早上我奉交通部長電話命令，要我預備兩列專車，當天夜間或第二天天一早開往瀋陽，這對我沒有秘密，說是大元帥出關。我奉令之後，隨卽小心的預備兩列專車。據悉當天日本外交官、日本軍部以及滿鐵的高級官員，從早上十點卽在北京大元帥府開會，拿東北五路的建造合同，要張作霖簽字。此會一直開到午後七點還沒有開完，開會時吃點心，日本人這麼威脅他說，你要是不簽字，我們卽不保護你的安全！張問什麼安全？日方說，你要出關即出不去！南京方面有人對你不利。張隨即打電話到瀋陽和山海關，問他的部下沿途的情形。回電說是防衞週密，絕無顧慮，山海關更是特別安全。誰知日本人已經在南滿路和京奉路交會處預置炸彈，所以以保證其安全威脅張在協定上簽字。張得回電說沿途防衞週密，即決心出關，不理日本人之要脅，抬起脚來把桌子給踢翻了，下午七點多鐘即乘車離開北京，這是他最後跟日本人辦交涉，也就把命賣了。

在皇姑屯南滿京奉二路交會處，南滿鐵路是南北向在上面走，京奉路是東西向在下面走，日人在路軌上預置炸藥，在路的南邊修一小塔，有人在上瞭望，見張氏八十五號的專車經過，一按電鈕，炸彈爆炸，張遂死難。

此「紀錄」中與事實不符者計兩點：

一、「下午七點多鐘乘專車離開北京」的是張五夫人而非張作霖。

二、梁著「九一八事變史述」記張作霖「出關遇難情形」云：「路透社記者Alexandar Ramsey六月中赴瀋實地考查，所具報告，至今重讀猶極正確。據稱：出事地點，在南滿路吊橋下，吊橋橋坂分三節，支以石柱，柱外包以鋼骨水泥，厚六呎，出事時，先聞炸聲，次見吊橋橋坂塌下，適壓作霖坐車，燬其前後三輛。作霖死於壓不死於炸，自車頂盡碎，車盤無恙，觀之，可知炸力係自上而下，足破手榴彈與地雷之說。自炸力測之，認爲當係電流炸彈之使用。張車入橋下，不過秒刻，發放電流計算時間之準確，需要工兵高度之技術，所需炸力，當在黃色炸藥二百磅，裝置電流炸彈之時間，需要六小時。」其他記載亦皆言爆炸發生於車廂之上；而非車輪之下。所謂「炸彈」；所謂「在路軌上預置炸藥」兩皆失實。

發言者既爲「京奉鐵路局長」，則上述兩點，斷無不知之理；何以有此不實之語？我無權要求其解釋；或者紀錄有誤，亦未可知，希望傳記文學作一澄清。

其次，據島田俊彥所作「皇姑屯事件內幕」，記載六月三日夜裝置炸藥的情形是：

一、由河本大作親自率領；技術人員以來自朝鮮的一工兵中尉爲主。

二、用黃色炸藥一百五十公斤。

三、夜間十時左右竣事。

照此估計，操作所費時間約爲三至四小時。需要特別指出的是，張作霖出事那一天，恰好是張學良生日：他的生日是陰歷四月十七，則前一天四月十六爲滿月。（張學良母難之日，復遭父難；故以後生日皆改期。）

又據臼井勝美在「張作霖被炸死的眞相」一文中說：

張作霖部也很注意這個交叉點，因此金憲兵中尉便於六月三日面會奉天憲兵分隊長三谷少校，要求在交叉點陸橋附近，滿鐵線提防上派遣中國兵，但爲三谷所拒絕，所以變成鐵路橋上是日方的警戒區域，橋下爲中國方面的警備區域。又警備陸橋附近的日方負責人是獨立守備步兵大隊中隊長東宮上尉，而這個東宮就是爆炸的直接指揮人。

東三省當局在瀋陽車站和皇姑屯，幾無立錐之地地排列士兵，以防萬一，在這兩個車站之間大約一個英里裏，配置了五十名左右的騎兵和憲兵，陸橋下面附近，金中尉也帶幾個憲兵在那裏擔任警戒。

警戒既然如此嚴密，何以能容一小羣人，在滿月之夜工作三至四個小時而不被發覺？這不是咄咄怪事？

復次，梁著「九一八事變史述」中謂：「相傳離平時，其密探曾有日人謀害之警告，張以問町野武馬；町野自請偕行，以釋其疑，然町野在津下車。」又據「曹汝霖一生之回憶」，於九十一節「張作霖殉國於皇姑屯」中說：「日本顧問町野武馬，切囑須在日間到達奉天，已露暗示。」曹汝霖的日本友人甚多，其言當有根據。復以當時情況而論，河本策畫皇姑屯事件，參與者有姓名可稽的，即在十人以上，包括日本公使館武官建川美次[47]少將在內；町野在華多年，與日本軍部及政界有廣泛的關係，輾轉獲悉其陰謀，是非常可能的事。

疑雲重重

如上論述，僅就與世共見的公開情況，作一粗淺的分析，已是疑雲重重。十餘年來我細參有關文字，亦頗聞內幕，作一研判如下：

第一、町野武馬已間接獲知其事，採取「觀變」或甚至「默成」的態度。

第二、由於滿蒙新五路的秘密交涉，町野武馬與楊宇霆，已發展出一種利害相共的、新的密切關係。對河本的陰謀「觀變」或甚至「默成」，是他們共同的態度。

第三、常蔭槐的態度最可疑，不無掩護河本之嫌。

在論證上述三點之前，我先要介紹李田林的一篇文章：刋於「傳記文學」六十一年十月、十一月號（總一二五、一二六期）的「從行伍將軍萬福麟說起」；其中介紹楊宇霆、常蔭槐的生平，頗具參考價值，摘引如下：

楊宇霆號隣葛，遼北省法庫縣籍，為人不能說無本領，能以一個士官學校的洋學生，在老將張作霖面前攢紅，就算僅長於揣摩上意，亦自有其「當差」那一套。果斷明快，如是這一面，剛愎跋扈，就是那一面，長短互為表裏，因而造成錯誤甚多，結局自召殺身之禍。張作霖一生成敗所繫，確以楊之屢次鼓動參加內戰為其重大關鍵。

第二次奉直戰爭，張仍居鎮威軍總司令，未設副司令，楊以參謀長調度全軍，直軍內有馮玉祥倒戈回京，奉方大獲全勝。段祺瑞出任北京政府臨時執政，奉張則以最大實力派幕後操縱，北呑曹、吳，南聯盧永祥，其勢由東北擴至華北，進軍中原，觸及東南。除張親掌東三省軍、政，自行督奉，張作相督吉，吳俊陞督黑外，並以奉系之闞朝璽督熱，李景林督直，張宗昌督魯，姜登選督皖，楊宇霆督蘇。那是正式擴充為東北軍，伸張地盤的極盛時期，楊宇霆也最炙手可熱；未久竟遭孫傳芳由浙江攻襲江蘇、安徽，楊、姜失勢形勢變化，而生民國十四年東北內部郭松齡之變。招致郭變的政策背景，即以楊為內戰罪魁禍首；人事分配亦以楊私心自用賞罰不明。

十五年初，郭事平後，東北軍爲對與郭互通聲氣的馮玉祥軍作戰，和吳佩孚化敵爲友，並加山西閻錫山的聯合，使馮挫敗。時爲國民革命軍北伐所逼的孫傳芳亦不得不向張求援，比經共同組成「安國軍」擁張統率；繼於民國十六年夏推張爲「海陸軍大元帥」，主持軍政府於北京；楊宇霆一面儼然形同太上閣揆，諸閣員多半由他推薦，一面代韓麟春爲第四方面軍團長。

出關後，楊雖極具野心，由於環境和自身條件未備，其時並無繼張作霖而起之念；確做培植軍政各方實力打算，滿想張學良體弱不堪久於任事，一俟時機到來，老派垂垂老矣，新派失其首領，瓜熟蒂落，舉手可摘。於易幟正名時，楊建議「宜設東北邊防副司令長官三人，分駐遼、吉、黑，掌理各省軍務。」意即他來出任駐遼副司令長官，張愈芒刺在背，堅拒所請。那時緊縮裁編，失意軍人政客，不滿現狀，多聚楊處，形成招兵買馬之勢；但以楊所任規模宏偉的「東北兵工廠」督辦，亦頗大有可爲，而毛病既多出兵工廠，死因也種在兵工廠；易幟前後，楊以兵工廠必需二千萬銀圓，迭次逼張撥發，否則不能渡過新舊年關。那時戰後退守，吉、黑勉強自足，張與東三省官銀號實際負責人總稽核寧恩承，遼寧省財政廳長張振鷺會商，皆無從籌此鉅款；那時東北主要收入，來自各鐵路局，張令交通委員會兼委員長常蔭槐撥付，常則以各路儲備自用爲詞拒繳。楊更跡近強力壓迫的要挾，是促張決心去楊的近因。楊宇霆既非諸葛亮、張學良也不是阿斗；冰凍三尺非一日之寒，大節頂撞之處固多，禮貌之間，亦多未諧：如楊對張的官稱，當衆常用小字眼呼之：「司令長官儿」；如變起前幾天，楊在私邸學行「封翁祝嘏」盛會，東北文武大員咸集，張自親臨道賀，眼見那種聲勢炫赫，心裏已經不是味道，當入席時楊又把直魯餘孽褚玉璞讓坐首席，張敬陪末座，未終席而退；凡此雖小事，但當權勢勾心鬪角中，就都顯得不尋常了。

按：李文中所謂「出關後」，即指張作霖被害以後。讀者稍爲多想一想，便可知道，張作霖去世，於楊宇霆有益無害；有張作霖在，楊宇霆的野心是不可能實現的。以下李田林談常蔭槐：

常蔭槐號翰襄，遼北省梨樹縣籍，法政學堂出身，民初許蘭洲在黑龍江任師長時，李景林爲參謀長，常爲軍法處長，許離黑後，經李轉薦於張作霖，治事覇道，楊宇霆惺惺相惜，張氏父子漸重用之。在北京任大元帥府軍法執行總處處長，軍政府交次代理部務，並兼京奉鐵路局長，如整頓當時諺稱：「三字經，是免票，後腦勺，是護照。」的路政積弊，常每親自查車驗票，曾把違法將官從車上拉至站臺，立卽槍斃，鋒利出名；對張宗昌輩亦不賣帳。出關後仍任東北交通委員會委員長，對於其時交通建設，功不可沒；但是滿佈黨羽：奉山鐵路（卽京奉鐵路當時僅由瀋陽通至山海關）局長顧振、瀋海鐵路總辦劉榮國、吉長鐵路局長趙鎭、洮昂鐵路局長許文國等皆屬之。出長黑龍江省政，持設立黑省山林警備隊理由，將前軍法執行總處官兵爲基幹，編組隊伍，省長直轄；向張所報兵員數目無多，實際大量擴充，武器則由楊自東北兵工廠充分供應。時楊係兵工廠督辦，下設總辦，臧式毅充任，廠內軍械產品，向由司令長官部管制，凡發給各部隊均須核准。臧雖與楊接近，爲人精明謹愼，私忖楊、常暗自裝備武力，將必連帶負責，乃向張盡情密報；楊、常合謀益顯，加深處置決心。後臧士毅接替翟文選爲遼寧省政府主席。

按：上引文中最後一段，傳聞有異詞，留待後文交代。玆先談皇姑屯事件，據我所知：常蔭槐在皇姑屯前一站，卽已下車；出事後，始馳至現場。張作霖受重傷至上午十時去世，只說過一句話；這句話，有人說是：「這是日本人幹的。」實際上是：「這件事別讓小六子知道。」張學良乳名「小六子」，別有出典；「曹汝霖一生之回憶」中作「留子」，非是。

因爲張作霖有此遺囑，所以瀋陽方面並未電告在北京的張學良。但張學良仍舊知道了，據說是楊宇霆向他說：「老帥恐怕出事了。」張學良問他從何得知；他說是得自法國公使館的消息。張家親族，後來均以此爲疑；當時因無明確的證據，故對楊宇霆並無行動。

秘不發喪

張作霖去世後，秘不發喪爲奉天省長劉尙淸的主張；作臧式毅者誤。當時日本方面無論關東軍，領事館，都渴望獲知張作霖的生死；千方百計，打聽消息，而張家對保密工作做得很成功，如張學良的秘書陶尙銘以親日出名，即被禁止進入內宅，其中五夫人扮演了很重要的角色，照樣濃妝艷抹，高高興興地接待藉口慰問，別有作用的「日本太太」們，如駐奉天總領事林久治郎之妻等等。這些「日本太太」，遙望張作霖臥室，燈火通明，「煙霞」陣陣；而五夫人面無戚容，從容應對，都相信張作霖只是受傷，直到六月八日始有所聞，張作霖或已傷重不治。（由陶尙銘透露。）

就在這短短的幾天之中，東北的軍政大權，完成了「合法的轉移手續。」張作霖為了避免日本方面逼他簽署任何文件，一直強調他不通文墨；但對內而言，凡有命令皆以張作霖親自簽名為憑，為日人所深知（註一）。在當時的情況之下，如說張作霖已死而並未指定繼承人，必將引起日本的干預；倘謂已指定張學良繼承，則親筆簽名的手令何在？若無親筆簽名，必仍不為日本所承認，會採取各種杯葛的手段。幸而天無絕人之路；張學良學其父的簽名，可以亂眞，因而得以作出一道養傷期間一切職務交由張學良代理的手令；居然瞞過了日本人。直至張學良自灤州軍次，化粧成撤兵火車上，在車頭中加煤的伙夫，至瀋陽附近換乘汽車，繞道而歸，始行發喪。

論楊、常此時的態度，只是「觀變」，反正張作霖一死，不患無出頭之日，不妨徐徐圖之，所以此時的言行，相當謹慎。及至東北易幟定議以後，國內外若干情勢的變化，促使楊、常的野心，日趨積極，而終於自召殺身之禍。

這些情勢的變化是：

第一，國外：皇姑屯事件，並未能如關東軍所期待的，引起東北混亂，以便出兵干預；反而促成張學良因「家仇」而堅定了易幟的決心。而日本首相田中義一的處境，則異常狼狽，一方面因皇姑屯事件，備受日皇及元老如西園寺公的責難；一方面軍部因五月廿二日，關東軍司令部已移駐瀋陽，集中兵力準備出動時，田中不肯下達「奉勅命令」；以及五月卅一日深夜，終於決定拒絕關東軍出擊錦榆新民屯的計畫而大爲不滿。（請參閱梁著「九一八事變史述」第六章第二節第一頁），此時民政黨已在發動倒閣；田中的政治生命及政友會的興衰，全繫於實現滿蒙新五路要求一事；町野武馬爲原經手人，責無旁貸，而觀察情勢則非打倒張學良，扶植楊宇霆，不足以實現日本的要求。

第二，國內：北伐完成後，先總統　蔣公，立即進行裁兵工作。政策的正確性是無可懷疑的，但執行者在技術上不免操之過急，因而爲人比做「撤藩」，雖然結果是康熙撤藩；但開始時却有人認爲是建文撤藩，這就不免有人想做明成祖。其中桂系的態度最露骨；白崇禧在灤河與楊宇霆處理「直魯聯軍」時，必已有了聯絡；十七年十二月廿四日中樞紀念週，白崇禧報告：「已裁去兵士一萬七千人，惟被裁兵士運送中途有被他方招去之事，不無遺憾。又對外傳本人聯奉，加以解釋，謂同是信仰三民主義，何分彼此？」見東方雜誌第二十六卷第四號「時事日誌」，卽指聯絡楊宇霆而言，不否認而「解釋」，則「聯奉」爲確有其事。

這內外情勢的逐漸變化，至十七年年底因爲編遣會議卽將於十八年元旦開幕；以及張學良終於宣布在十二月廿九日易幟，「並謂已請蔣主席定本日爲國民黨統一中國紀念日」（見同上「時事日誌」），而同時加速，相互排蕩，楊宇霆自速其死的遠因、近因一齊結成了惡果，是即十八年一月十一日凌晨之變。

遠、近乃比較而言，近則旬日，遠亦不過張作霖被刺後事。懷疑楊、常知日人有陰謀而不言，自是遠因；其次則楊宇霆自灤河回東北後，一方面由於內外情勢的推移；一方面看到張學良頹廢的趨向，所以取而代之的野心，日熾一日而且逐漸表面化了。楊宇霆致命的缺點是，始終將張學良看成一個闇弱的紈袴，極度蔑視，以致言語態度，毫無顧忌；甚至存著「就算我要造反，你又其奈我何」的想法。舉個例說，有一次談到應該忠實執行中央的政策的問題，有這樣的對話：

楊：你走你的中央路線，我走我的日本路線；兩寶總有一寶押中，不是很好嗎？

張：如果是你的那一寶押中了呢？

楊宇霆瞠目不知所對；却並無能問得出這一句話來，就見到張學良不是劉阿斗的警惕。

端納告密

但眞正要了楊宇霆的命的人，應該是先爲張學良的顧問，後爲蔣委員長顧問的端納。張學良的原意，是想讓楊宇霆當黑龍江主席，以爲疏遠之計；楊宇霆因不願放棄他的可以掌握東北政局核心的地位而拒絕，方由常蔭槐主黑。前引李田林文中，談到常蔭槐「設立黑省山林警備隊」一事，武器猶不止「由楊自東北兵工廠充分供應」；據說，有一次端納向張學良告密，楊宇霆向捷克訂購了三萬枝步槍，並有充分的證據，包括往來電報，以及常蔭槐自鐵路收入中付款的憑證等等。端納告密的原因有二：一則他在職務上應忠於張學良；二則端納雖爲澳洲人，但爲英國的高級情報人員，而英國與日本的在華利益，一向是衝突的，楊宇霆走日本路線，於英國不利，所以端納必須跟他作對。

這似乎是件不可思議的事，張學良當即將楊宇霆找了來問；楊宇霆居然坦承其事；詢以何用？謂裝備黑龍江山林警備隊；於是張學良質問：「咱們兵工廠不有的是步槍嗎？」楊宇霆的回答，恐怕是任何人所想像不到的；他說：「沒有人家的好啊！」楊宇霆不但在組織自己的武力；而且裝備要勝過東北軍，試問其意何居？就憑這句話，楊宇霆的送命，不過遲早而已。

近因則爲易幟以後，接著召開國軍編遣會議，倘或決裂，反中央的各派系武力，或將聯但眞正要了楊宇霆的命的人，應該是先爲張學良的顧問，後爲蔣委員長顧問的端納。張學良的原意，是想讓楊宇霆當黑龍江主席，以爲疏遠之計；楊宇霆因不願放棄他的可以掌握東北政局核心的地位而拒絕，方由常蔭槐主黑。前引李田林文中，談到常蔭槐「設立黑省山林警備隊」一事，武器猶不止「由楊自東北兵工廠充分供應」；據說，有一次端納向張學良告密，楊宇霆向捷克訂購了三萬枝步槍，並有充分的證據，包括往來電報，以及常蔭槐自鐵路收入中付款的憑證等等。端納告密的原因有二：一則他在職務上應忠於張學良；二則端納雖爲澳洲人，但爲英國的高級情報人員，而英國與日本的在華利益，一向是衝突的，楊宇霆走日本路線，於英國不利，所以端納必須跟他作對。

這似乎是件不可思議的事，張學良當即將楊宇霆找了來問；楊宇霆居然坦承其事；詢以何用？謂裝備黑龍江山林警備隊；於是張學良質問：「咱們兵工廠不有的是步槍嗎？」楊宇霆的回答，恐怕是任何人所想像不到的；他說：「沒有人家的好啊！」楊宇霆不但在組織自己的武力；而且裝備要勝過東北軍，試問其意何居？就憑這句話，楊宇霆的送命，不過遲早而已。

近因則爲易幟以後，接著召開國軍編遣會議，倘或決裂，反中央的各派系武力，或將聯因而曾有四次交涉；梁著「九一八事變史述」第六章第二節第三目云：

當七月十七林久治郎初賀學良時，不但提及敦圖，長大，且及延海洮索，學良則以實行困難相答。九月，林久治郎携同齋藤（滿鐵新理事）良衞再度督促學良，則以須由中央作主為言。易幟後兩日，林久治郎第三次要求，辯論至兩小時，學良仍以「沒法子」作覆。林久治郎本主干涉易幟，不如伸張鐵路權益轉見實惠之說。故於此項交涉，特別賣力，田中自易幟干涉失敗後，亦以此項交涉為對華政策之中心。然學良「中央主持外交」之答覆，既非有悖事理，而南京國府，曾於一九二七年十一月間預告列強，一切協定合同，非有國府參加，不能生效，故山本與奉張間之秘密協定，日本失去提向國府交涉之根據。日人始終未嘗以此協定與我中央政府交涉者，理由在此。

第四次即町野受山本之託，而實奉田中之命，特自東京來作的交涉；上引文下接敍云：

一九二九年一月，田中命町野武馬以原經手人之資格，向張學良為第四度之交涉，學良答語如前，町野退訪楊宇霆，欲將當日在平商洽結果，擬一公布辦法，而是晚宇霆與常蔭槐即被學良槍殺於會客室之內。宇霆死因，言人人殊，是否直接與町野武馬所商有關，雖至今猶未明瞭。但林久治郎得宇霆死耗後，曾欲以最後通牒壓逼學良則為事實。

就情理判斷，楊宇霆之死，應是「直接與町野武馬所商有關」，而「町野退訪楊宇霆，欲將當日在平商洽結果，擬一公布辦法」則是點燃了藥線。楊宇霆之為張作霖信任不衰，主要原因在對日交涉中，善於與張作霖「演雙簧」，當日本提出某種要求時，張作霖輒以「好，好！我叫楊某來辦」作答；如欲索書面承諾，則託詞不通文墨而拒絕。只要不立筆據，楊宇霆總有辦法使之打消、變質或將損害減低至最低程度。對於山本條太郎提出的滿蒙新五路要求，大致亦用同樣的辦法；倘以張作霖一時敷衍搪塞之詞，而由盡人皆知為張作霖心腹的楊宇霆，在町野所公布的文件中，證成實有其事，如「地價一千萬日金，先付五百萬」等等傳說，必大損張作霖的一世英名。推測當時的情況，或者楊宇霆有借此要挾之意，則張學良除出以斷然處置之外，實無法克保其父之令名。而況除此以外，楊宇霆尚有取死之道。

通電和判決書

楊常被搶殺之日，東北方面發表了兩項重要文件，一是張學良領銜的通電；二是軍法審判的判決書，通電全文如下：

統一告成，建設開始，凡我同志，正宜和衷共濟，協力圖功。學良受事以來，對於先人舊有僚佐，無不推心置腹，虛衷延納，其中尤以東三省兵工廠督辦楊宇霆，黑龍江省長常蔭槐二人，共事最久，倚畀尤殷。乃楊常朋比，操縱把持，致使一切政務，受其牽掣，各事無從進行，臚其罪狀，厥有數端：溯自民國十三年後屢次戰禍，均由彼二人慫恿播弄而成，跡其陰謀私計，世或未知，自我先大元帥佳電息爭，倡導和平，信使往來，南北協洽，獨彼二人遲回觀望，陰事阻撓，近如灤東五縣，不肯交還，其阻撓者一；平奉車輛，學良已商允交還，惟彼二人從中作梗，擅不放行，坐使中外人士，咸受苦痛，而車輛廢置破壞，公私損失，何可紀極，其阻撓者二；灤東撤兵，順應世局，正協人心，而楊常堅持異議，其阻撓者三。以上三端，學良曾再三婉商之；倩友人勸導之；用命令申斥之，而彼二人概置不理，使中外人士，對於我方不懷好感。觀遠因則釀成戰禍之罪魁；觀近因則破壞和平之禍首，論其罪狀，不獨害我東省，實更害我中華。學良夙夜競惕，私冀奠我三省於磐石之安，勿令再有軍事行動，謀工商之發達，謀中外居民之幸福，使吾鄉父老子弟，安居樂業，耿耿之誠，可質天日。乃彼二人包藏禍心，事事陰圖破壞，處處竭力把持，以兵工廠及交通事業為個人私利之淵藪，把持收入，不解省庫，且向省府逼索巨款；其動用款項有案可稽者，已達現洋二萬萬餘元，既無長官批示，亦無部認核銷，一手遮天，多入私囊。任用多其親屬，政府歸其操縱，出其門者，每予袒庇，非其私黨務以摧殘，前如王永江之被擯，郭松齡之激變，果誰為之？近如金融之擾亂，戰爭之延長，又誰致之？司馬昭之心，路人皆見，吾東省人皆知之，而世人或未盡知也。學良忝膺疆寄，畀以重任，待以腹心，誠欲化彼貪頑，共循軌道，同人等念其多年共事，曲予包容，不謂彼輩好險性成，日甚一日，近更暗結黨徒，圖危國家，言念及此，曷勝隱痛，學良與同人等再四籌商，僉謂非去此二人，東省大局，非徒無建設之望，且將有變亂之萌。大義滅親，何況交友？毒蛇螫手，壯夫斷腕，學良等不敢違棄公誼，徒顧私情。當於真（十一）日召集會議，並邀彼二人列席，當衆按狀拷問，皆已俯首服罪，詢謀僉同，即時宣布罪狀，按法執行。國家自有定律，非同人等所能輕重，所冀海內明達洞察內情，共明真象，特電奉聞。張學良、張作相、萬福麟、張景

惠、翟文選、劉尚清、劉哲、莫德惠、王樹翰、沈鴻烈、湯玉麟、袁金鎧。（註二）

所述楊、常罪狀，至少「其阻撓者三端」，皆信而有徵。平奉路局扣留平綏、平漢、津浦各路車輛，達五千四百輛；車頭亦有數百個，中央兩次派交通部次長王徵出關交涉，不得要領。平奉路每週只開兩次，至十二月由於白崇禧交出第四集團軍所扣客貨車九十餘輛，乃得增加一次，但仍須在灤州互換機頭。由此可知，平奉路已被截成兩段，灤州以東，全由楊、常所控制。

所謂「灤東五縣」，指灤河以東至山海關的昌黎，盧龍、遷安、撫寧、臨榆等五個屬於河北省管轄的縣份。在此一地區的奉軍，早已達成了驅逐「直魯聯軍」的任務，而亦一直未撤。此「阻撓者三端」，完全是爲了對中央採取軍事反抗行動作準備，盤踞灤東五縣既以確保山海關之暢通；亦以作爲前進基地。扣留各路車輛，旣以便利己方之軍運；亦以妨碍中央軍之調動。一旦編遣會議破裂，在灤東的奉軍，即可渡河南下：後續奉軍有五千四百輛車皮在，亦得源源長驅入關。配合在渤海灣的海軍，則偪處膠東的直魯聯軍殘部，復見活躍；楊宇霆奉褚玉璞爲上賓，用意在此。至於「聯帥」孫傳芳之亦將扮演要角，自不待言。判斷奉方當時的作戰計畫，是以灤河爲第一線，卽令進取不利，渡河以守，有海軍側面相助；空軍南飛偵察，亦得不敗；至不濟扼關以拒，猶可自保。此或是楊宇霆與白崇禧在灤河按劍談兵所決定的方略，其中自然也有孫傳芳意見在內。白、楊皆有「小諸葛」之號；孫「聯帥」亦以善謀著稱，如果楊宇霆不死，「中原大戰」提前一年爆發，大局將不堪聞問。卽此一端，張學良亦應賦予其在歷史上應得的地位，才算公平。

「判決書」的內容，與通電大致相同，但增入一段張學良在通電中不便說的話：

又據報告，該被告人等又與共產黨魁□□□等勾結，預定本年三月間中央開代表大會，南北同時發動，楊負奉軍連絡及兵器補充；常力收江省防軍，扣留交通款項，利用失意軍人。並曾給德法某機關，滙去巨款。

此□□□不得主名、或言爲馮玉祥。「並曾給德法某機關滙去巨款」，卽指向捷克購買軍火。

孫傳芳招待記者

除此以外，還有一項文獻，是本案唯一公諸於世的內幕，爲孫傳芳招待日本記者所發表的談話，據「國聞週報」記載：

孫氏係於十二日夜間由奉赴大連，因日本報盛傳楊、常事件，孫爲發議之人，故孫於十五日在私宅招待日本新聞記者，敍述事件經過，同時辯明彼等對此事件風馬牛不相及者。孫當時所談云：楊、常事件發生以後，外間流言，每謂係予等所發議，實則並無此事。玆就予所知當時之情形，爲諸君告，俾社會得正確之見解。楊與予爲好友，常亦友人，一月七日爲楊父壽辰，予之由連赴奉，卽係前往祝嘏。十一日晨間九時，總司令部屢次以電話相招，張學良氏且親自接話，促予前往。予在中途，嘗私忖不知何事見招？而憶及前往楊宅，張曾告予不久將巡視奉天各地，此行或係爲此亦未可知。方凝思間，已抵司令部，是時門口汽車甚多，且一種匆遽之狀，似與平日不同。予入司令部後，卽赴簽押房，時張作相、翟文選兩氏均在。副官稱聯帥到，予卽往簽押房入張之臥室。時室中有馬醫師一人，張著軍褲，上身則著寢衣，顏色頗現憔悴，方伸臂注射藥液。見予入突曰：「我放了大砲」予不解所云，詢其何意？張現沈鬱之面色曰：「我把鄰葛等槍斃了」予聞言驚愕，張卽曰：「我此事如果辦得不對，當向東三省父老請罪，但我自信沒有辦錯。」言時鄭謙來，張氏以自草之通電囑爲修改，遂偕予入簽押房，與張翟等四人對坐。時張作相謂氏曰：「此舉未免過甚。」張卽奮拳擊案曰：「我此事如果辦得不對，當向東三省父老請罪，但我自信沒有辦錯。」當時予等以事已至此，亟須討論善後辦法。召集司令部諸人，集議善後，當時列席者爲張學良、張作相、翟文選、鄭謙、張景惠、王樹翰、袁金鎧、湯玉麟、沈鴻烈、陳興亞及予等十餘人。至十一時左右，町野武馬及滿鐵顧問江籐往訪張氏，予曾代張接見。對此事件眞相有所敍述。十二時，予等卽離司令部歸寓矣。此外則無所知。至楊常槍斃時間聞言大致在十一日晨間三時以前，地點則在司令部虔置老虎標本之一室。事後張作相氏曾約一觀楊常屍體，予等雖不願見，遂未果。當時予等曾向張學良進言，兩人遺族，不宜深究，而決定派陳憲兵司令，赴兩家慰問。要之，此次事件，張學良實未與任何人計議，蓋此事一出口，卽易洩漏機密，足以僨事。此固張之所知也。惟聞張曾對張作相氏訴其困難，有楊等態度殊難對付之言，張作相則勸以忍耐。又王亭午等人，曾常引曾國藩之詩，以忍相勸，由此可知，因此次事件之發生而牽涉予等，實爲錯誤云云。

以今觀之，孫傳芳這段談話中，最有價值的是，印證町野武馬的自述，眞相彌顯。前引町野文中援敘云：

可是，當天深夜兩點半，楊宇霆家人打電話告稱：「今天晚上本來說是八點鐘回來的，但到現在還沒有回來。」我覺得很奇怪，所以遂坐車趕往張學良宅。門關得緊緊的，有衞兵。我直馳學良的寢室。學良垂頭喪氣地出來，而在我還沒開口之前就說：「町野顧問，請同意我。」「同意什麼？」「楊宇霆想取代我的位置。所以我的部下把他打死了。請你能承認。」「不是要你的位置，而是為了鐵路的要求？」「決不是。」

被鎗殺的是楊宇霆和常蔭槐兩個人。「帶我去看。」「請稍等等。」大概把屍體擺在現場，由於我要看，因此他們趕緊把屍體移到客廳，作個臺子，上上香。我恭恭敬敬地行禮之後，對學良說：「我將永遠不再和你見面了。」而回去。楊宇霆死得眞是可憐。當時，已經信仰三民主義的張學良，已經不可能造滿蒙五鐵路了。唯有張作霖纔能壓住其部下……。張作霖的死，對日本的確可惜。

兩相對照，說明了三點情況：

一、「深夜兩點半，楊宇霆家人打電話給町野。」顯見關係之密切。

二、當夜町野訪張學良云云，為町野虛構之言。顯然的，如果町野及江藤豐三已知眞相，何必再由孫傳芳說明。又町野文中每自謂如何受張家父子尊敬，內寢亦可自由出入；而由孫傳芳代為接見一事來看，町野無非夸夸其言，以期自增聲價而已。

三、張學良已不可能造滿蒙五路，則唯有去張扶楊，才符合日本的利益。町野之必須勾結楊宇霆，從任何一個角度看，皆為必然、必有之事。

張學良辦得眞不錯

楊常之死，有利大局，更可從以下諸新聞中，獲得強有力的證明：

一月十六日：關內奉軍開始撤退。（註三）

二月十五日：交通部次長王徵，接收平奉路管理權。

三月三日：張學良將灤州以東五縣，完全交還河北省。

四月十九日：日京滿洲軍政要人會議，軟派勝利；主張採取直接行動，另擁東北首領之硬派，完全失敗。

由此可見，張學良不但「沒有辦錯」；而且應該讚他一句：辦得眞不錯！評估他這一次殺楊常的果決行動，對於國家的利益，除了上述「平奉路管理權」交還中央及「灤東五縣」歸還建制，表現了易幟的意義，完成實質上的統一以外，無形的貢獻可能更大：

第一、當楊宇霆「暗結黨徒」準備發動叛亂時，日本軍部在濟南「勒兵觀變」；楊常不死，「濟案」如何演變，殊所難言。

第二、間接促成田中內閣垮台，由民政黨濱口雄幸組閣，幣原喜重郎再任外相，出現「第二次幣原外交時代」，以及佐分利貞男使華，爲中日百年關係史上最珍貴的一頁。雖然因此而激起了「九一八事變」，那是另一個問題。

第三、張學良對日本滿蒙新五路的要求，以「外交問題爲中央之權限」的理由而堅拒，在實質上顯示了中國外交的一元化，强有力地證明了中國的統一，對於提高國家的國際地位，有極重要的關係。

第四、楊常不死，「中原大戰」將會提前爆發；而更重要的是，下一年——民國十九年「兵連禍結六個月」（註四）的「中原大戰」，張學良的一道通電，便能迫使閻錫山下野、馮玉祥「歸田」、汪精衛匿跡。當時的擁有艦艇、飛機的東北軍，在戰局中處於擧足重輕的地位；我們實在不能想像，這支軍隊如果是在楊宇霆控制之下，將會發生怎樣的作用？

(註一)：據「曹汝霖一生之回憶」九十節記，託楊宇霆爲「沈院長」向張作霖緩頰一事云：「翌日先與鄰葛(宇霆號)說明詳情，並說我敢擔保沈決無賄縱情事。遂同見雨帥，鄰葛先向雨帥說明此事之經過，並謂該案我們已詳細研究，似沒有問罪理由。沈院長與潤田爲同學，潤田深知其人很正派，且曾爲奉天高等法院院長，政聲很好，老帥亦曾傳見，潤田敢擔保他是可靠之人。我們研究之下，沈辦此案，鮑妻既無間諜之嫌，沈亦無賄縱之事，請老帥對沈院長開恩了吧。張聽了不響，鄰葛又說，沈某雖沒有賄縱嫌疑，這樣重大的事，沒有請示，即行釋放，究屬疏忽，應交司法部記一大過，以示薄懲。張氏點一點頭，說聲好吧，鄰葛即大聲喊道，大帥開恩了，遂令副官將手令取來，還大聲道，大帥對沈某開恩了，將手令一撕兩片。余竟愕然，一場風波，就此了結。余對雨帥說明天帶沈院長前來叩謝，張說那不必了。後鄰葛告我，您不知道這道手令若不對大帥當面撕掉，難保不又生枝節。余很佩鄰葛的細心，但覺關外辦事，另有他們一套，又爲之驚訝失笑。」此可見張作霖親筆簽名手令的重要性。

(註二)：此通電及後引的「判決書」、「孫傳芳招待記者談話」，均見「國聞週報」第六卷第四期。

(註三)：引自東方雜誌民國十八年「時事日誌。」

(註四)：「兵連禍結六個月」爲「蔣總統秘錄」第九章的標題之一。

國家圖書館出版品預行編目資料

近代中日關係研究. 第一輯：我殺死了張作霖 / 河本大作編者 / 陳鵬仁譯著. -- 初版. -- 臺北市：
蘭臺出版社, 2021.05
冊；　公分-- (近代中日關係研究第一輯；10)
ISBN 978-986-99507-3-2(全套：精裝)
1.中日關係 2.外交史
643.1　　　　109020145

近代中日關係研究 第一輯 10

我殺死了張作霖

編　　者：河本大作
譯　　者：陳鵬仁
主　　編：沈彥伶、張加君
編　　輯：盧瑞容
美　　編：陳勁宏
封面設計：陳勁宏
出 版 者：蘭臺出版社
地　　址：台北市中正區重慶南路1段121號8樓之14
電　　話：(02)2331-1675或(02)2331-1691
傳　　真：(02)2382-6225
E—MAIL：books5w@gmail.com或books5w@yahoo.com.tw
網路書店：http://5w.com.tw/
https://www.pcstore.com.tw/yesbooks/
https://shopee.tw/books5w
博客來網路書店、博客思網路書店
三民書局、金石堂書店
經　　銷：聯合發行股份有限公司
電　　話：(02) 2917-8022　傳 真：(02) 2915-7212
劃撥戶名：蘭臺出版社　帳號：18995335
香港代理：香港聯合零售有限公司
電　　話：(852)2150-2100　傳真：(852)2356-0735
出版日期：2021年5月 初版
定　　價：新臺幣12000元整（精裝，套書不零售）
ISBN：978-986-99507-3-2